今日から始める家庭の防災計画

髙荷智也
合同会社ソナエルワークス代表
備え・防災アドバイザー

災害で死なない環境を作るための事前対策メソッド

徳間書店

はじめに

備え・防災は日本のライフスタイル
今始める「死なないための」防災計画

こんにちは、備え・防災アドバイザーの高荷智也です。

「天災は忘れた頃にやってくる」という言葉をご存じでしょうか。日本の物理学者にして防災学者でもある、寺田寅彦《てらだとらひこ》が発した言葉です。地震や台風といった「自然現象」は常に生じていますが、防災を忘れると「自然災害」に発展する、このような意味として、私はこの言葉を理解しています。

防災は大切です、しかし「本番」がいつ生じるかはわかりません。明日なのか、1年後なのか、それとも50年後か……。誰もが被災者になる可能性を持っている、しかしそれがいつなのかはわからない。防災に気合いやお金をかけすぎると、その日を迎える前に息切れする恐れがあります。

防災を忘れてはいけない、しかし頑張りすぎても長続きしない、どうすればよいでしょうか。そう、「備え・防災」をライフスタイルにすればよいのです。

　適度な運動、摂生した食事、規則正しい生活、いずれも大切なことですが、長続きさせることが難しい項目ばかりです。しかし、自宅が坂の上にあれば毎日運動できますし、持病を患《わずら》えば食事は自然と制限されますし、自衛隊に入隊すれば生活は規則正しくなります。「大切だが継続が難しい」ことは、環境そのものを作り変え、ライフスタイルにすることで強制的に続けられるのです。

　もちろん「それは理想論だ」と思われるかもしれません。でも理想が現実になるのだとしたら、いかがでしょうか。水害に備えて避難リュックを作ることは重要です。しかしそもそも沈まない場所に住めば、避難の必要はなくなります。地震による落下物から身を守るため机に潜ることは大切です。しかし耐震等級3の家に住み、全ての家具や荷物を固定すれば、身を守る行為は不要となります。

　家庭の防災における最優先事項は「自分と家族が死なない」ことです。そして死なない対策として最も有効なことは、防災裏技やお手軽テクニックではなく、ライフスタイルとして「死なない環境」を作ることなのです。「発災後」にできることはほとんどありません。災害で生きるか死ぬかは「発災前」の対策で決まります。今日から始める家庭の防災計画を、一緒に考えて参りましょう。

目次

今日から始める

家庭の防災計画

災害で死なない環境を作るための

事前対策メソッド

第1章

家族が死なない環境作り

第2章

災害を「避ける」

第3章

災害を「耐える」

第4章

災害から「逃げる」

第5章

災害を「しのぐ」

ブックデザイン／ヒキマタカシ（boc）
校閲／麦秋アートセンター
DTP／Cパブリッシングサービス
編集担当／浅川 亨

防災対策の基本
死なないための3つの要素と4つの対策

家族が死なない環境作り

第1章

著者の作業場、多くの防災グッズに囲まれて仕事をしている。大地震でこれらのグッズに潰されて命を落とすとしたら、それは本望ではなく備え不足、まずは「死なない準備」が重要だ。

第1章では、「家庭の防災計画」における最優先事項、「死なない環境」作りの考え方からお話を進めます。防災グッズを準備し、保険に加入しても、災害で即死をしてしまえば意味がありません。

大地震で1万人の犠牲者が出ても、家族が全員無事であれば、それは我が家にとって問題にはなりません。犠牲者が1名だとしても、その1名が自分や家族であれば、それは我が家にとっての大災害です。死なない準備を行いましょう。

家庭の防災は「死なない環境」作りから

被災者の声を生かした防災リュックを購入しても「家」は頑丈にならない

非常食を準備する、防災訓練に参加する、地震保険に加入する――。防災にも様々な項目がありますが、非常持ち出し袋…いわゆる「防災リュック」を準備することもそのひとつです。防災リュックの内容は多様であり、かつては「このセットは実際に役立つのだろうか」と不安になるような製品もありました。しかし、毎年の様に大きな災害が生じる昨今では、「被災者の声を生かした、避難所で本当に欲しかった物を入れた防災リュック」が増えており、非常時に役立ちそうな防災セットが多くなっています。

しかし当然ながら、防災リュックを購入しても「自宅」が頑丈《がんじょう》になるわけではありません。津波や火災から避難するためのリュックを準備しても、大地震で自宅が倒壊し即死すれば、リュックを背負う人はもういないのです。

被災地から聞こえてくる「被災者の声」は災害を「生き延びた」生者の声

大地震や大規模な風水害が発生した際に、避難所が開設されると、地元のテレビ局や新聞記者がやって来て、「このたびは大変な目に遭われましたね……、今のお気持ちをひと言」とインタビューや取材をすることがあります。また、災害の後には被災者に対するアンケート調査などが行われ、被災生活の実態や改善すべき点が教訓として多く残されます。

こうした情報は、避難所運営なり防災セットの中身なりを改善するために活用されます。「被災者の声」をきちんと生かし、次の災害へ備えることとは大変重要なことといえます。

しかし、避難所のインタビューや事後のアンケートから聞こえてくる「被災者の声」は、「災害を無事に生き延びた」方々の声であり、発災直後または避難中に「災害で命を落とした」方々の声は、当然ながら含まれていないのです。

正しい防災とはなんでしょうか？

水や食料の
備蓄がある!!

リュックに
まとめてある!!

防災訓練に
参加している!!

**いずれも正しい防災ですが
重要なのは優先順位です**

被災者の声を形にした

被災者の声を…
防災士の店長が…
○○賞受賞の…
○○点セット…!!

**防災セットを買っても、
自宅は頑丈にならない**

トイレが不便で…
配給が少なくて…
床が硬くて寒くて…
お風呂に入りたい…

**いずれも重要だが
死ななかった
人にだけ有効**

災害で命を落とした方々は、どのような事前対策を講じていれば死なずにすんだのか

家庭の防災計画では、よく「被災者の声」を参考にします。避難所に持っていって役立ったもの、在宅避難で便利だったもの、生活再建に備えて行っておくとよかったこと、様々な体験談を参考に、具体的な対策を行います。

被災経験のない方にとって、被災者の声は貴重です。我が家の防災計画においても、ぜひ参考にすべき教訓といえます。しかし、優先順位を考えた際には、「生者の声」の前に、まず「死者の声なき声」を聞くことが重要です。

大地震で倒壊した自宅に潰されて窒息死された方、洪水による浸水害に飲み込まれて溺死《できし》された方、避難所で体調を崩して災害関連死された方、こうした方々に「天国インタビュー」をすることができたら、どのようなアドバイスを聞くことができるでしょうか。地震保険が重要、防災リュックが必要、水と食料は多めに、ではありませんね。

災害で命を落とした方々は、どのような事前対策を講じていれば死なずにすんだのか。声なき声を想像して具体的な対策を行うのが、家庭の防災における最優先事項です。

自分と家族の命を守る死なない環境作り

自分や家族が死ぬことを想像するのは嫌なものです。そのため、家庭で防災を行う際には、自分や家族が死ぬことはあまり考えず、生き延びたところをスタート地点にすることが多くあります。しかし防災対策の優先順位でいえば、この嫌なイメージを正面から受け止めることが重要です。

家族全員が無事であり、避難所に集合したところをスタート地点とした対策を行うのではなく、大地震ならば揺れている最中、台風や大雨ならば自宅が水に飲み込まれている状態、こうした事態に見舞われても「死なない」ための準備を行うことが重要なのです。

命を守った後に生活を継続する準備、日常を再建するための備えは重要です。しかしこれらの対策は、災害で死ななかった後に初めて必要となります。個人と家庭の防災では、まず「自分と家族が死なない」環境を作り、その次に生き延びた後の準備を行わなければなりません。

それではここから、「死なない環境」を作るための手順やポイントについて、詳しく解説いたします。

家庭の防災で最初に聞くべき声

生き延びた生者の声は重要ですが…

防災セットの中身や避難所運営など「被災生活」の改善に欠かせない貴重な体験談となります。

最初に聞くべきは死者の声なき声です…

事前になにをしていれば「この人は死なずにすんだのか」に耳を傾けることが重要です。

誰も死なず、無事に避難が完了できた…
それを前提に防災を始めていませんか？

家族全員が無事 !!	被災生活の準備を優先 !!

グッズを買う、保険に入る、その前に…
家庭の防災計画の最重要事項は

自分と家族の命を守る
死なない環境作り

「死なない環境」を脅かすリスク

「死なない環境」を脅かす自然現象と自然災害を理解する

「死なない環境」を作るには、私たちに襲いかかってくる「災害リスク」を理解し認識する必要があります。そして災害リスクは、「自然現象」と「自然災害」、原因と結果に分けて考えることが重要です。

例えば、恐ろしい物を並べた昭和時代の言葉、「地震、雷、火事、親父」を参考にするなら、「地震」は地面が揺れるという「自然現象」であり、これにより引き起こされる「家屋の倒壊」や「大規模な火災」が「自然災害」です。さらに、「親父」を「自然現象」と捉えるならば、「ちゃぶ台が飛んで夕飯が台無しになる」が「自然災害」となります。

家庭の防災で、自然現象そのものをなくすことはできませんが、自然現象を自然災害にしない準備を行うことはできます。これこそが防災における具体的な対策なのです。

日本において備えるべき自然現象と自然災害について

家庭の防災計画では、どのような災害リスクを備えるべき対象として認識すべきでしょうか。前述の通り、被害をもたらさない「自然現象」は大自然のショーです。しかし、我が家に被害が生じれば「自然災害」となります。まずは日本で生じる自然現象を認識し、その上でそれらに引き起こされる可能性のある、自然災害を学ぶと整理がしやすくなります。

自然現象は、「地象／地震や噴火」「気象／台風や大雨」「天文現象」「感染症・生物災害」「事故・戦争・人災」の5つの主要な発生原因と、これが引き起こす二次的な現象に分類して整理するとわかりやすくなります。例えば土砂災害は、地震・噴火・大雨のいずれによっても引き起こされます。また津波の発生も地震だけが原因ではなく、海底噴火や隕石の落下により生じることもあるのです。

死なない環境を脅かす
日本で生じる自然現象・自然災害

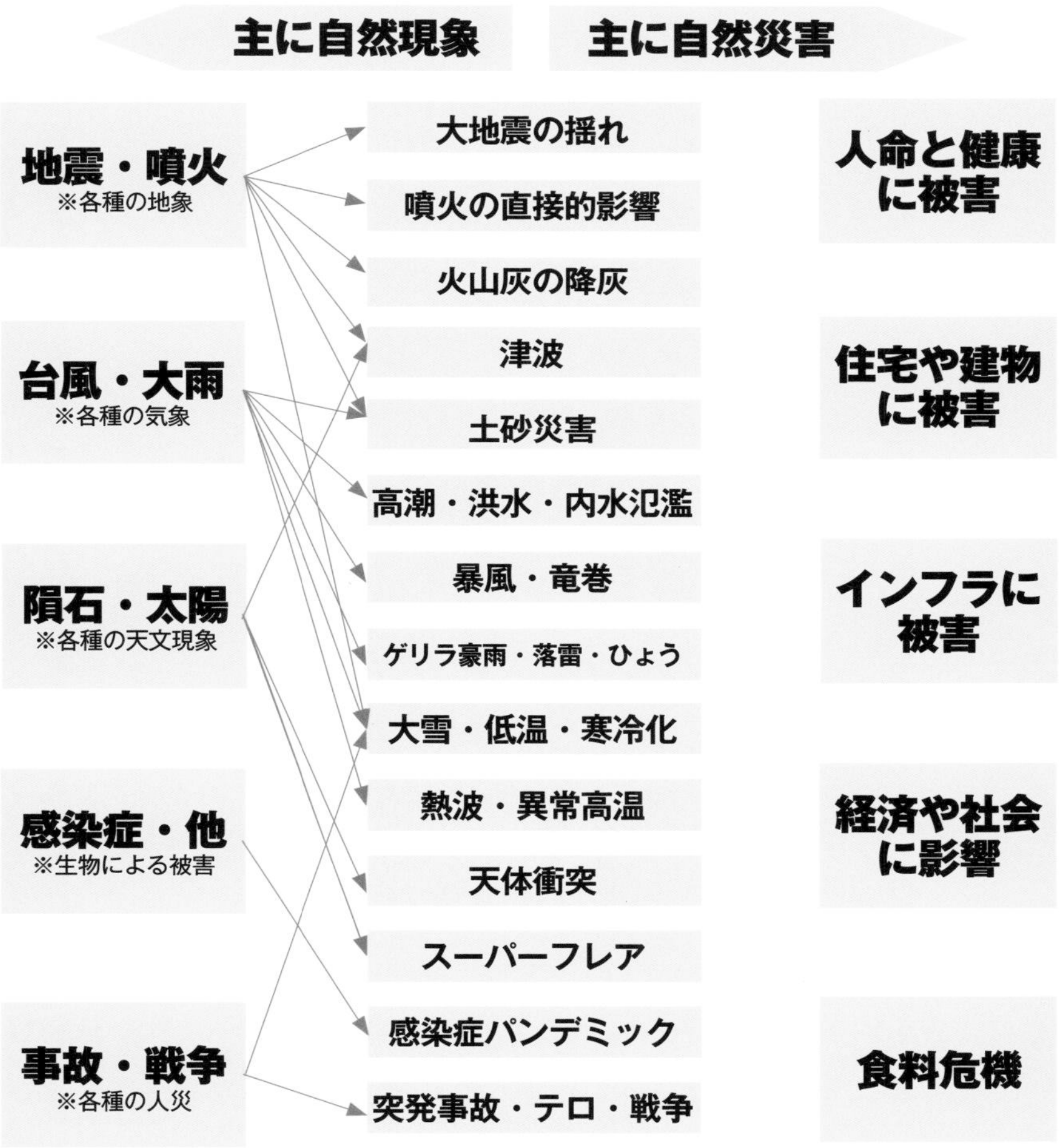

「自然現象」そのものは大自然のショーだが
社会に対して影響を及ぼすと自然災害になる。
重要なことは
我が家にとっての自然災害にしないこと。

「死なない環境」に必要な要素

死なない環境を構成する要素

①物理的に安全な空間

災害などによる
物理的な脅威から
身を守れる空間

②生存できる空間

適切な空気と温度
活動できる照明
が整った空間

③生活できる空間

清潔な飲料水
美味しい食事
トイレがある空間

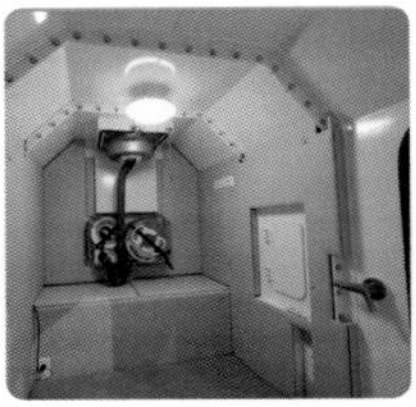

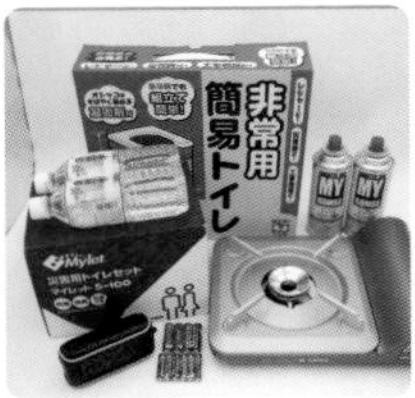

**これら3つの要素を
整えることが重要**

「死なない環境」は安全な場所だけ用意すればよいというものではない

それでは、家庭の防災計画における最優先事項「死なない環境」作りを実践したいと思いますが、具体的にはどのような環境を作れば「死なない」状態になるのでしょうか。

災害による直接的な影響から命を守るためには、物理的に安全な空間を確保することが重要です。しかし、例えば津波から避難するために屋外の高台へ避難をしても、季節が冬であればその場で凍死する恐れがあります。噴火の影響や土砂災害を回避するために地下室へ逃げ込んでも、生き埋めになってしまえばやがて酸欠で命を落とします。

避難先にしばらく留まるのであれば、水や食料が必要となりますし、安心して飲食を行うためにはトイレも必須となります。「死なない環境」を作るためには、次の3つの要素を全て整えることが重要となるのです。

①物理的に安全な空間

	突発的に生じる	事前に警告が出る
日本中どこにでも生じる	大地震による揺れ 局地的な落雷・竜巻	台風・低気圧による 暴風の影響
発生場所が決まっている	大地震による津波 噴火による直接的影響	台風や大雨による 高潮・洪水・土砂災害

これらの自然現象から物理的な安全を確保する

自然現象を自然災害に発展させない
物理的な脅威を排除できる空間を用意する

①物理的に安全な空間
災害などによる「物理的な影響」を回避する

「死なない環境」を構成する要素としてわかりやすいものが、災害などによる物理的な影響を回避できる「安全な空間」です。裸一貫で自然現象を受け止めて「地震！噴火！台風！立ち向かえ私の筋肉！」とフィジカルで戦うことはできませんので、建物や仕組みで対処する準備が必要になります。

例えば大地震による津波、火山の噴火、台風や大雨による浸水・土砂災害などは、生じる場所が決まっていますので、このような現象が生じない場所で暮らしたり、あるいは素早く避難をする準備をしたりすることで安全な空間を確保することができます。安全な空間とは「耐える」だけではなく、「逃げる」という方法で得ることもできるのです。

一方、大地震の揺れ、積乱雲による落雷・竜巻・降ひょう、台風による暴風などは、日本中どこにでも生じる可能性があります。こうした現象に対しては、発生してからの避難が間に合わない場合もあるため、建物により安全な空間を確保することになります。想定される様々な物理的影響を、直接的・間接的に無効化する準備が不可欠です。

②生存できる空間

汚染のない
空気

適切な
温度

活動できる
明かり

災害などによる影響を回避しても
「空気」と「温度」が保たれて
いなければ、そこにいるだけで死ぬ

明かりがなくても
死ぬことはないが
行動をとれない

災害による物理的な影響とは無関係に
ただそこにいるだけで死ぬ
状況を回避する

②生存できる空間
ただそこにいるだけで死ぬ、を避ける

物理的に安全な空間を確保できたら、次に必要なものは「生存」可能な、人間にとって快適な環境です。快適といっても、「人を堕落させるクッション的なものに寝そべりながら、指を鳴らせばお茶が出てくる」空間を作るわけではありません。「ただそこにいるだけで死ぬ」状況を回避することが目的となりますので、実はかなり重要な対策なのです。

必要な要素としては、「汚染されていない空気」と「命に危険が生じない温度」が不可欠です。空気と温度はいずれかが欠けるだけで、数分から数時間で死ぬこともあり得るため、非常時には意識的に確保することが重要です。屋外避難であれば防じんマスクや防寒具の用意。避難生活であれば電気を使わない暖房器具の用意や、熱中症対策に必要な道具の準備などが具体的な対策となります。

さらに、人間が行動するためには「光」が必要です。明かりがなければ安全に行動をすることも、生活を維持することもできません。屋外避難・避難生活の両方に対して、LEDライトなどの照明器具を用意することが必要となります。

③生活できる空間

清潔な
飲料水

栄養のある
食料

衛生的な
環境と
トイレ

しばらくの期間「飲まず食わず」でも
すぐに死ぬわけではないが、生活を継続
するためには水と食料が必要になる

トイレがなければ
飲食が行えず
感染症も生じる

それがなくとも
直ちに死ぬわけではないが
人間が生活を継続するための物資を準備する

③生活できる空間
生命と生活を維持するための物資

その場にいるだけで命を落とす、という状況を回避することができたら、「生活を継続するための環境」を整えます。最終的には電気や水道などのインフラ復旧が必要になりますが、災害直後における「死なない環境」としては、最低限「水と食料」を準備することが重要です。

水は数日間、食料は数週間、得られなくとも即死することはありません。しかし逆にいえば、数日から数週間、水や食料を得ることができなければ、命を落とすことになります。また、安全で快適な空間を準備したとしても、そこに水も食料もなければ、だれも避難してきてはくれません。安全な場所へ人を誘導するためにも、最低限の水や食料が必要です。

そして、安心して飲食を行うためにはトイレが不可欠です。入り口と出口はセットで準備しなければならず、水や食料を1週間分用意するなら、トイレも同じ量を準備します。さらに、水や食料は「そこになければないですね〜」となりますが、トイレはなければ「垂れ流し」もあり得ます。しかし、これは衛生環境の悪化を招くため、避けるべき状況です。

「死なない環境」作り4つのポイント

「死なない環境」に必要な要素 災害から守る、4つの具体的な対策

家庭の防災における最重要事項「死なない環境」作りには、各種の自然現象・自然災害から、「安全な空間・生存できる空間・生活できる空間」を守ることが重要だと述べました。では、具体的には何をすべきでしょうか。

「無敵のバリア!」「空気出ろ〜」「美味しいご飯カモン☆」などの魔法が使えるならばそれでも構いませんが、多くの方は「防災」で必要な準備を行うことになります。防災は災害と「1対1」で行うことが基本ですが、日本で想定される自然現象や自然災害は多岐にわたります。

「地震ならこれを守るためにこの準備を、でも津波と火災は別で、台風ならこっちが」と準備を進めると、組み合わせが多すぎて永遠に終わりません。家庭の防災においては、「4つ」のポイントで対策を進めるのがおすすめです。

①避《さ》ける…災害のたびに避難をしなくてもよい準備

噴火・津波・浸水・土砂災害など、生じる場所が決まっている自然現象は、土地や建物条件で「避ける」ことができます。究極の防災対策は「引っ越し」です。

②耐《た》える…災害の直撃により自宅で即死しない準備

大地震の揺れや台風による暴風など、日本中どこにでも生じる現象は、自宅の建物で受け止める準備が必要です。自然現象を災害にしないための準備を行います。

③逃《に》げる…避難すれば命を守れる災害で死なない準備

噴火・津波・浸水・土砂災害などを、避けることができなかった場合は、発災時に「逃げる」ことで命を守ります。素早く安全に避難をするための準備が必要です。

④しのぐ…インフラ停止によりジワジワと死なない準備

電気・水道・道路などのインフラが停止した場合には、災害関連死や衰弱死など「災害の後で死ぬ」状況を回避する必要があります。防災備蓄品の準備が必要です。

死なない環境作りに必要な
家庭の防災　４つの具体的対策

日本で生じる可能性のある
各種の自然現象・自然災害・人災から…

地震・噴火
※各種の地象

台風・大雨
※各種の気象

隕石・太陽
※各種の天文現象

感染症・生物
※各種の生物ハザード

事故・戦争
※各種の人災

大地震の揺れ、噴火の直接的影響、火山灰の降灰、土砂災害、津波、高潮、洪水、暴風、竜巻、落雷、降ひょう、大雪、異常低温・高温、天体衝突、スーパーフレア、感染症パンデミック、蝗害《こうがい》、異常繁殖、突発事故、テロ、戦争…

生命と生活を維持するために必要な
３つの要素を守る対策が…

①安全な空間
災害などによる「物理的な影響」を回避できる安全な空間

②快適な空間
生存可能な「空気・温度・照明」が維持された空間

③飲料水と食料
飲料水・食料・トイレに不自由をしない、長期間生活ができる物資

死なない環境を作るための

①
災害を
避ける
災害のたびに避難をしなくてもよい準備

②
災害を
耐える
災害の直撃により自宅で即死しない準備

③
災害から
逃げる
避難すれば命を守れる災害で死なない準備

④
災害を
しのぐ
インフラ停止によりジワジワと死なない準備

家庭の防災４つのポイントです

①災害を避ける

土地 **水平に避ける**	大地震による津波や、火山の噴火が発生しない場所 台風や大雨による浸水害や、土砂災害の発生しない場所 感染症や戦時の攻撃リスクの低い、大都市以外の場所
建物 **垂直に避ける**	建物が浸水しても沈まない、高層階の部屋に住む 土砂災害にも破壊されない、頑丈な建物に住む

周囲で生じる災害リスクを自分で把握し
そもそも危険が生じづらい環境に暮らす

①災害を「避ける」
沈んだり崩れたりしない場所に住む

津波・洪水・土砂災害・噴火による直接的影響などは、生じる場所が決まっていますので、住む場所を選ぶことで現象そのものを「避ける」ことができます。また大地震による大規模な地震火災や、感染症パンデミックなどの災害も、大都市圏を避けることでリスクを低減させることが可能です。見舞われる可能性がある災害リスクをひとつでも減らすことができれば、防災の負担は大きく軽減されます。

災害を避けるポイント、ひとつは土地選びです。できれば大都市圏以外に立地する、津波や洪水、火山の噴火が発生しない場所を選ぶことが理想です。土地選びが難しい場合は建物選び、浸水や土砂災害の影響を受けない高さの部屋を選ぶことでも、自然現象そのものを避けることができます。

避けることのできた自然現象については、例えば「避難指示」が出ても逃げる必要がなくなります。しかし、災害を避けるためには、家選びの段階における厳選が必要となるため、実施できるタイミングは限られます。人生に訪れる、貴重な引っ越しのタイミングを逃さずに活用しましょう。

②災害を耐える

建物	自然現象から建物を守る。大地震で倒壊しない、大雪や火山灰で潰れない建物、暴風による飛来物で窓ガラスが割れない対策など。
室内	主に大地震の揺れから室内の安全を確保する。家具の転倒防止、家電の移動防止、荷物の落下防止、ガラスの飛散防止など。
環境	空気や温度などの室内環境を維持する。停電に対する冷暖房の確保、火山灰や放射性物質の浸入防止、夜間停電時の照明確保など。

大地震や暴風で被害を受けない住宅に住み室内の安全と環境を保つ事前対策を行う

②災害を「耐える」
暴風から建物と室内の安全を守る

引っ越しをしても避けることが難しい災害リスク、大地震の揺れ、暴風や落雷など、日本中どこにでも生じる現象に対しては、自宅の建物で受け止める必要があります。特に大地震の揺れは必ず不意打ちで、しかも命にかかわるレベルの影響が生じますので、事前対策の有無がそのまま生死に直結します。災害を「耐える」ポイントは、建物および室内の安全対策を徹底することです。

建物対策としては、大地震の直撃を受けても倒壊しない建物に、暴風から窓ガラスを保護できる、雨戸やシャッターなどの住宅設備を設置します。一方、津波や洪水による大規模な浸水を防ぐことは難しいため、これはできるだけ「避ける」方向で対処をすることが有効です。

室内対策としては、地震の揺れに対する家具の固定や荷物の落下防止、窓ガラスの飛散防止、火災が発生した際の初期消火の準備などが重要です。さらに噴火や原発事故で外気が汚染された際に備えた空気の浄化、停電時に室温を維持するための冷暖房の代替などの準備が必要になります。

③災害から逃げる

避難の方針

事前に災害の発生がわかる場合は、広域避難
発災後の安全確保は、屋内安全確保か立退き避難
突発的に生じる災害に対しては、イメージトレーニング

非常持ち出しセット

避難場所まで素早く安全に移動するための準備
避難途中に身を守る装備品や情報収集の道具
避難先で短期間生活するための被災生活用品

自宅に留まるか避難場所へ逃げるかを定め避難時に必要な荷物を事前にまとめておく

③災害から「逃げる」
その場に留まると死ぬ現象から避難をする準備

津波・洪水・土砂災害・噴火などを「避ける」ことができず、自宅の周辺に被害の生じる可能性がある場合は、「避難」の準備を行います。特に、台風や大雨は事前に警戒が呼びかけられますので、避難さえすれば命を落とすことはありません。逃げれば助かる災害で死なないための準備が重要です。災害から「逃げる」ためのポイントは、避難の方針を定めることと、素早く安全に移動する準備を整えることです。

まずは「ハザードマップ」を確認し、周辺で災害が生じた際に、自宅へ留まった場合の影響をイメージします。命に危険が生じなさそうであれば、その場に留まる在宅避難を行えます。一方、自宅に留まると死ぬ恐れがある場合は、安全な避難場所へ逃げる準備が必要になります。

素早く安全な避難の準備は、「非常持ち出しセット」……いわゆる防災リュックを作成して、すぐ持ち出せる玄関などに設置します。このリュックには、避難中に身を守るための装備や道具、避難先で短期間生活をするための物資を入れておきましょう。楽に背負える重さにすることが重要です。

④災害をしのぐ

外部で避難生活

災害発生前にホテルへ泊まったり旅行へ出かける
発災後に被災地の外へ移動して生活をする
「避難所」で生活をするのは最後の手段、道具も準備

自宅で在宅避難

建物と室内の安全対策を徹底し、自宅に留まれるように
インフラ停止に備えた、各種の代替品を準備
自宅で生活をするために、飲料水や食料を備蓄

被災地を出るか自宅で在宅避難をするかを定めインフラを代替するための備蓄品を準備する

④災害を「しのぐ」
インフラ停止状況で災害関連死を回避する準備

災害による影響で、電気・ガス・水道・道路などに被害が生じると、日頃の便利な生活を送ることができなくなります。非常時にも「冷房が効いた部屋にコタツを置いてアイスとおでんを食べたい」ということであれば、相応の準備が必要となりますが、そこまで行かずともインフラ停止時にこれを代替する準備が、「死なない環境作り」として必要です。

災害を「しのぐ」方法は、いわゆる避難所生活だけではありません。発災時に避難所へ行くことは義務ではなく、自分で避難先を確保できるのであれば、ホテル暮らしをしても、被災地の外へ避難、または旅行に出かけるでも構いません。避難所生活は最初の手段ではなく最後の手段です。

自宅に留まる「在宅避難」を行う場合は、インフラを代替するための道具や備蓄品を確保しておく必要があります。期間としては「最低3日・できれば7日・可能なら2週間」を目安とし、停電や断水に備えた道具、水・食料・日用品の備蓄などを行います。特に乳幼児・要介護者・障がい者・ペットが家族にいる場合は、余裕を持った準備が重要です。

「死なない環境」は「自助」で作る

災害で「即死」しない準備は自助が9割 共助・公助は「生きている人」への支援

困った時には行政が「公助」で何とかしてくれる、と考えていないでしょうか。公助を受けられるのは「生きている方」に限られるという大前提を忘れてはいけません。

大地震や突発的な水害が生じた際、消防や自衛隊が即座に出動できたとしても、救える命は「災害で即死しなかった方」だけです。倒壊した建物や転倒した家具に潰されたり、津波や土砂災害に飲み込まれたりして、災害直後に命を落とされた方を生き返らせることはできません。

「共助」においても同じことがいえます。地域の防災活動やご近所コミュニティによる助け合いは重要ですが、共助が有効なのはやはり「生きている方」に限られるのです。公助の支援を受けるためにも、共助に参加するためにも、まずは「自助」で生き残ることが重要です。

行政に生殺与奪《せいさつよだつ》の権を預けない「避難」のタイミングは自分が握る

各種の自然現象により被害が想定される際には、自治体(市町村長)から「避難指示」をはじめとする避難情報が発令されます。しかしこの避難情報は多くの場合、「避難指示のおかげで助かった! 市長グッジョブ!」という賞賛ではなく、「遅すぎて被害が拡大した」「空振りで避難が無駄になった」などの批判対象になりがちです。

スマートフォン普及以前の時代は、非常時に災害情報を収集することが難しい状況も多く、自治体から出される避難情報が重要な役割を果たしていました。しかし現代では、かつて「国や街の偉い人」しか閲覧できなかった災害の情報を、誰でも無料で得られる様になっています。行政に自分と家族の生殺与奪の権を与えてはいけません。避難情報は「きっかけ」、判断を下すのは自分自身なのです。

死なない環境は自助が９割

公助・共助は「生き延びた後」に活用する

発災直後に消防や自衛隊が出動できても…
ご近所や町内の防災対策が万全でも…
即死した方は救えない

大地震
揺れ・津波

大雨
土砂災害

噴火
噴石や火砕流

発災と同時に即死の可能性がある災害は
事前対策が生死を決める

避難指示が遅くて被害が拡大した…
避難指示が空振りで住民を混乱させた…
行政依存の意識では
いずれ命を落とす

各種災害の
ハザードマップ

スマートフォンの
防災アプリ

自治体の
避難指示

災害や避難に関する情報が充実する現代
避難の判断は自分で下すことができる

第2章

災害を「避ける」

災害リスクの把握

災害のたびに避難をしなくてもよい準備

ネガティブに捉えられがちな人口減社会は、「家を選びやすくなる」というメリットもあります。避難指示のたびに慌てない暮らしをするためには、「引っ越し」も選択肢のひとつとなります。

第2章では、災害を「避ける」方法についてお話をします。究極の防災対策は引っ越しです、沈んだり・崩れたり・燃えたりしない場所に住めば、多くの災害は無視できます。避難指示が出るたびに悩まなくてよいのです。

引っ越しは、誰もが「今すぐに」できることではありません。しかし多くの方において、人生に数回は引っ越しの機会があるものです。貴重な引っ越しチャンスを無駄にしないためには、災害の「避け方」を知っておくことが重要です。

災害を「避ける」

周囲で生じる災害リスクを自分で把握し そもそも危険が生じづらい環境に暮らす

「死なない環境」を作るための第一の方法は、災害のたびに避難をしなくてもよい準備を行うことです。大地震や暴風など日本中どこにでも生じる自然現象を避けることはできませんが、噴火・水害・土砂災害など生じる場所が決まっている自然現象は回避することができます。

災害を「避ける」ためには、周囲の災害リスクを自分で把握することが重要です。一昔前であれば、地名に含まれている「文字」から土地の成り立ちをイメージしたり、図書館で地域の災害史や伝承について調べたりという方法が用いられました。しかし現代においては、災害リスクを把握するための便利な方法が増えています。特に「ハザードマップ」を活用すれば、自然現象による影響を地図上で直接確認することができるのです。

今さら「引っ越し」は無理でも ハザードマップの確認は重要

自宅周辺のハザードマップなどを確認した際、場所によってはすでに「災害を避ける」状態になっている場合もあります。一方、水害や土砂災害などの影響を強く受ける場所に自宅がある場合、災害を避けるためには「引っ越し」が必要です。しかし、引っ越しには少なからずの費用と労力が必要となるため、防災のためだけに実施することは難しいのも事実です。

自分自身が引っ越しの機会に恵まれた場合、あるいは家族や親戚知人が引っ越しをする時には、ぜひ災害を避けられる土地選びをすることを意識してください。なお、引っ越しを行わない場合は、死なない環境を作るために、災害から「逃げる」準備が重要となります。しかし、この場合も周囲の災害リスクを把握することは極めて重要です。家庭の防災計画の前提として、災害リスク把握の方法を知ってください。

「死なない環境」作り①

災害を避ける

水害や土砂災害の生じない場所に住む
新生活で引っ越しする時に適切な土地を選ぶ

引っ越しや家選びのタイミングが近々…

ある!!	ない…
または引っ越せる	引っ越しは難しい
▼	▼
水害や土砂災害を「避ける」準備をする	災害発生時に「逃げる」準備をする
→ここから解説	→第４章へ

いずれの場合も、ハザードマップなどを活用し、自宅周辺の災害リスクを把握することが重要

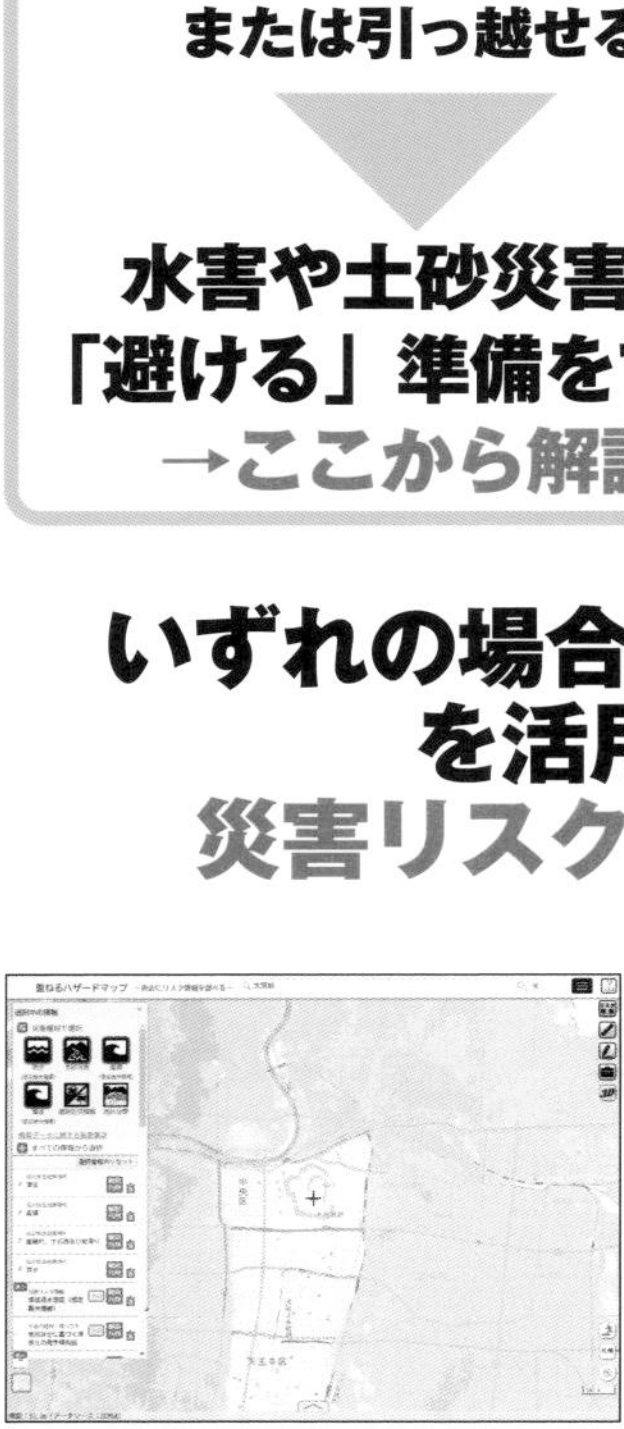

左は大阪城周辺、右は名古屋城周辺の「重ねるハザードマップ」。いずれも地図中心にある「城」は安全な場所にあるが、その周辺は浸水リスクが示されている。災害を「避ける」手法は昔から行われていた、防災の基本だということがわかる。

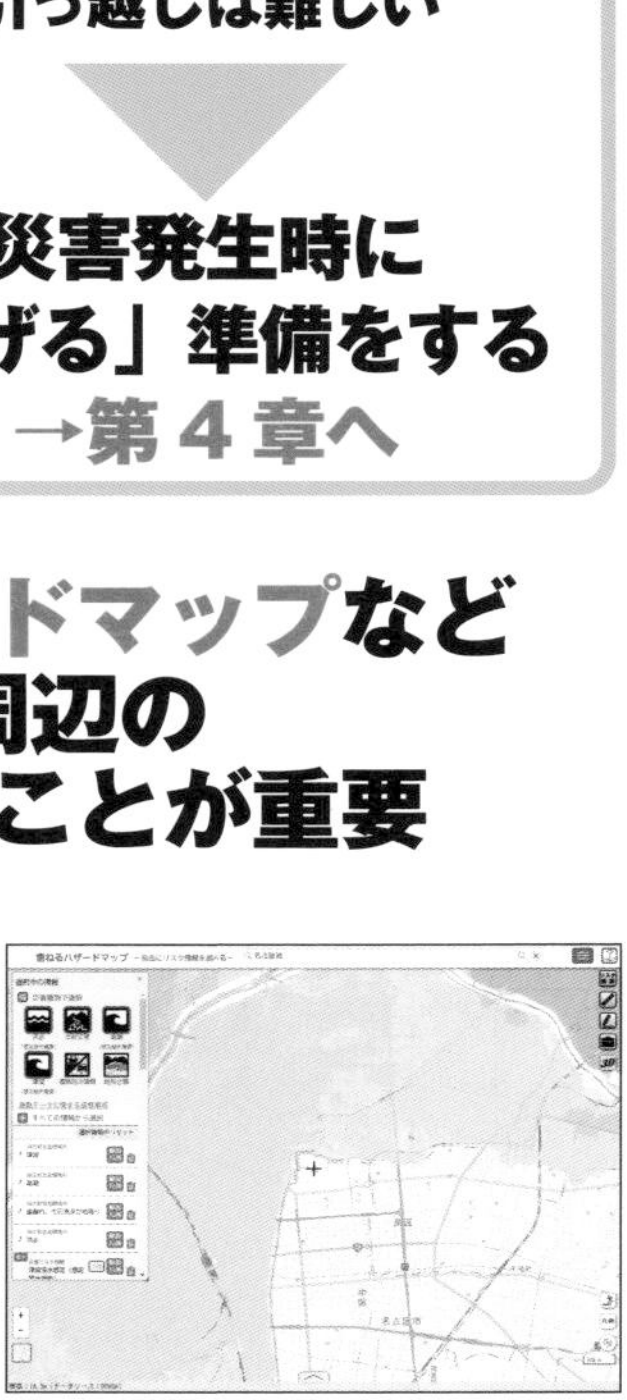

災害を「避ける」方法①
危険な場所を「水平方向」に避ける

災害を「避ける」方法のひとつは、生活をする土地を選ぶことです。台風や大雨による高潮・洪水・土砂災害や、火山の噴火による近距離影響など、地形により生じる場所が決まっている自然現象は避けることができます。また、大地震の揺れを避けることはできませんが、地盤のよい土地を選ぶことで影響を軽減することは可能ですし、津波や地震火災は避けることができます。生じることがわかっている影響を「水平方向」に回避することが重要です。

もう少しスケールの大きな方法として、居住する地域を広い範囲から選ぶ方法もあります。雪による災害を避けたければ、温暖なエリアに住む。温暖化による海面上昇を長期視点で避けたければ、沿岸部を避けて居住する。感染症パンデミックの影響を小さくしたければ、大都市圏から地方都市へ移住する。など、居住する地域を都道府県単位で選定することも、災害を避ける方法として有効です。百点満点の土地や地域はないかもしれませんが、リスクをひとつ減らせば、それだけ防災が楽になります。

災害を「避ける」方法②
危険な場所を「垂直方向」に避ける

災害を「避ける」もうひとつの方法は、マンションなどの建物を活用することで「高さ」を得ることです。

津波や浸水の影響を避けるためには、沈まない場所への引っ越しが重要です。しかし地域によっては、地域全体が浸水想定区域になっており、「うわっ…私の街、沈まない場所がない…?」という場所もあります。このような地域で浸水などの影響を避けるためには、自然現象が生じても影響が及ばない高さに、自宅を構える方法が必要です。

自分が住んでいる市町村の中に「家を建てることができる、沈まない土地がない」という場合は、戸建てではなくマンションを選ぶという方法もあります。

建物周辺で想定される「浸水深《しんすいしん》」よりも高い部屋に暮らし、浸水に対する安全を確保するのです。最大5メートル浸水すると想定される場所にマンションがある場合は、3階以上の部屋で暮らすことで、避難指示などが出た場合も自宅に留まることができるようになります。これも災害を避ける方法のひとつです。

災害を「避ける」土地・家選びのポイント

①土地で自然現象を「避ける」

完全回避

噴火の直接的影響・津波・高潮・洪水・土砂災害など、生じる場所が決まっている災害は、完全に回避ができる。

影響軽減

地盤のよい土地で大地震の揺れを軽減、大都市を避け、感染症パンデミックを軽減など、確率ではなく影響を軽減。

確率低下

沖縄に移住して寒波や雪害を回避、北海道に移住して、台風による暴風を回避など、発生の確率を低下させる。

②建物で自然現象を「避ける」

高さ

建物が浸水害の影響を受ける場合、「沈まない高さ」の部屋に暮らすことで、影響を回避することができる。

災害を「避ける」際には、

ゼロリスクにこだわりすぎない

脅威をひとつ減らすことができれば十分効果がある

周辺の災害リスクを自分で把握する

災害リスクを自分自身で把握する具体的な方法

災害リスクを把握する、具体的な方法を解説します。

①自然現象やリスク要因そのものを知る

まずは、日本および自宅周辺で生じる可能性がある「自然現象」を知ることが重要です。地震、噴火、台風、感染症、事故や戦争など、災害の原因となるリスクを把握します。

②ハザードマップや各種資料を確認

生じる可能性が高い現象は「ハザードマップ」を初めとする、各種の資料にまとめて掲載されています。こうした資料を自分で見ることで、具体的な影響を把握できます。

③周辺を自分の目で見て確認

浸水害や土砂災害など、生じる場所が決まっている災害については、ハザードマップの確認とあわせて「目視」による確認が重要です。雨の日に散歩をするというのも方法です。

「地域防災計画」で周辺リスクの把握と自治体の方針を知る

「地域防災計画」は、都道府県や市区町村が作成する資料で、自治体周辺の災害リスクや、災害に備えた自治体の計画をまとめた資料です。法律（災害対策基本法）により自治体へ作成が義務づけられていますので、必ず存在します。

例えばスマホやパソコンを使い、「○○市　地域防災計画」などのキーワードで検索すると、自治体のWEBサイトで公開されている資料を閲覧できます。その地域で想定される災害ごとに、地震対策編、津波対策編、風水害対策編など、複数の資料に分かれて公開されています。

ページ数の多い資料ですが、地域で予想される災害に関する解説を中心に、読んでみてください。なお、似た名前で「地区防災計画」がありますが、こちらは自治会や地域などが共助を目的に作成する資料で、別のものとなります。

災害リスクの把握に活用したい各種資料

<総合>

地域防災計画　地域の災害リスクや防災計画をまとめた資料

わがまちハザードマップ　全国の自治体のハザードマップを検索できるリンク集

<地震・噴火>

地震揺れやすさマップ　地震による揺れやすさや液状化リスクの資料

地震ハザードステーション　地震の発生確率などを閲覧できるWEBサイト

地盤サポートマップ　地盤の固さや情報が閲覧できるWEBサイト

地理院地図　地形・地質・標高などを閲覧できるWEBサイト

地震火災ハザードマップ　地震火災の発生リスクを可視化した資料

火山噴火ハザードマップ　噴火による影響を可視化したハザードマップ

<風水害>

重ねるハザードマップ　各種ハザードマップを閲覧できるWEBサイト

津波ハザードマップ　津波の影響を可視化したハザードマップ

高潮ハザードマップ　高潮の影響を可視化したハザードマップ

洪水ハザードマップ　水の影響を可視化したハザードマップ

浸水継続時間　浸水が発生した際の継続時間を想定した資料

家屋倒壊等氾濫想定区域　洪水の水の勢いによる被害を想定した資料

内水氾濫ハザードマップ　内水氾濫の影響を可視化したハザードマップ

ため池ハザードマップ　ため池決壊の影響を可視化したハザードマップ

土砂災害ハザードマップ　土砂災害の影響を可視化したハザードマップ

大地震によるリスクを把握する

大地震を回避することはできない「いつ」でも「どこ」でも、最大級の地震に警戒

日本において大地震を「避ける」ことはできません。北海道から沖縄まで、どの地域においても「震度7」クラスの大地震に見舞われる可能性はいつでもあります。また地震は予知することができず、必ず不意《ふい》打《う》ちで発生するため、大地震の揺れという現象に対しては、「避ける」ではなく「耐える」で対処することが重要です。

「この地域では生まれてこのかた大きな地震が生じたことはない」とか、「ここ100年間大きな地震が起きていない地域だから安全」などの話を聞くことがありますが、大地震は数百年〜数万年といった時間軸で生じる自然現象です。わずか100年程度地震が発生していないというのは、安全の証明にはなりません。大地震はいつでもどこにでも生じる、常に備える・事前対策をするという意識と行動が重要です

気象庁『震度データベース検索』の検索結果

震度データベース検索では、「1919 年から“2 日前”までの、震度 1 以上を観測した地震」を検索可能。この画像は、1919 年 1 月 1 日から 2023 年 7 月 31 日までに「震度 5 弱」以上を観測した 590 地震の震源地を表示したもの。わずか 100 年程度の期間だけを見ても、安全な場所はないことがわかる。

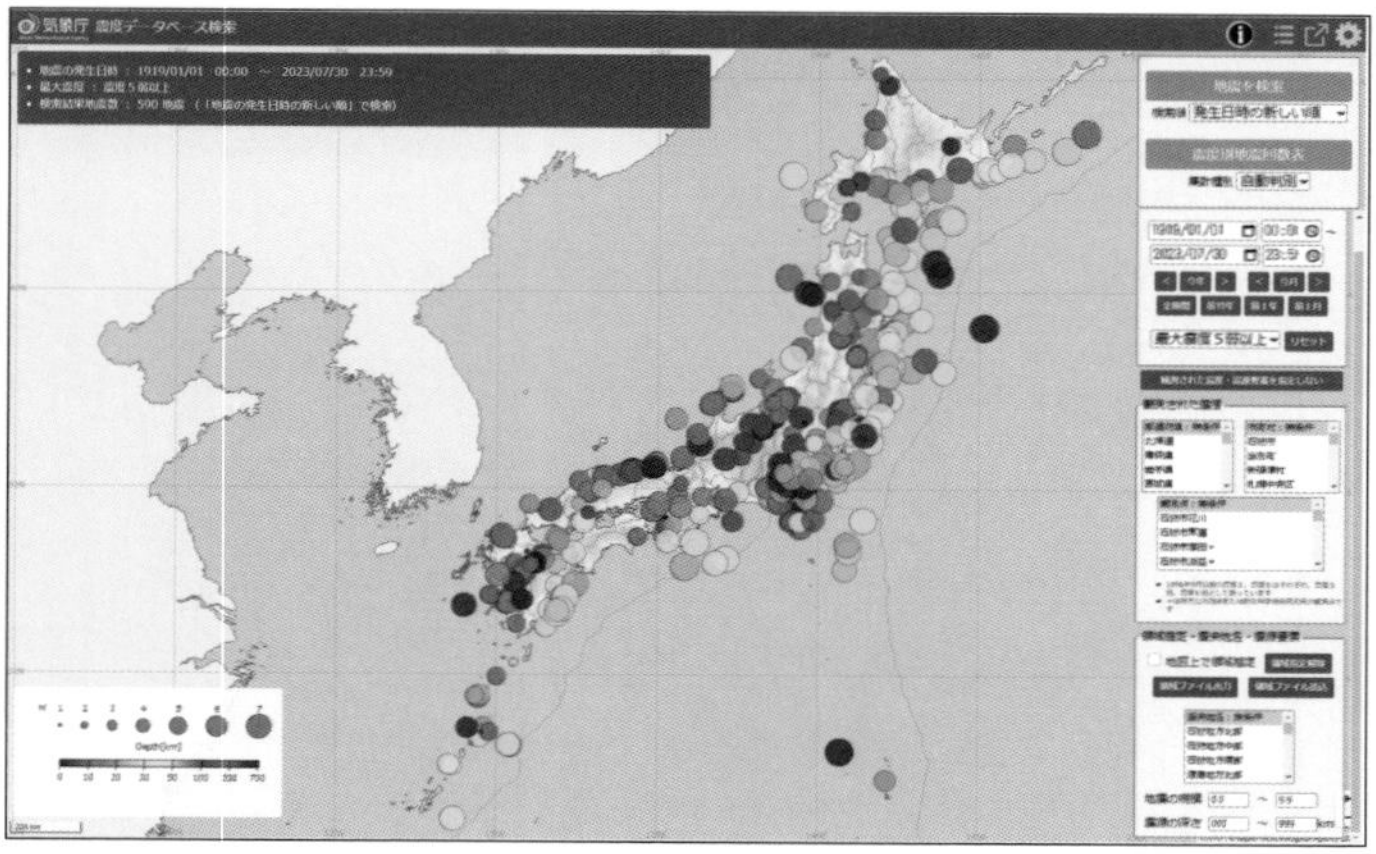

「大地震」が引き起こす「自然現象」と「自然災害」について

大地震という自然現象は「ただ揺れる」だけの現象ですが、揺れにより建物が倒壊したり家具や家電が転倒したりすることで、人の命を奪う「自然災害」に変わります。この意味では、大地震の揺れによる被害は「人災」という考え方もできるのです。

また、大きな揺れは、津波・土砂災害・火山の噴火など他の自然現象を誘発させたり、ため池氾濫・土地の液状化・火災旋風を伴う地震火災などの自然災害をもたらしたりすることもあります。また都市部で大地震が生じれば、インフラに大きな被害をもたらしますし、原子力発電所などの事故を招けばさらに影響は大きなものになります。

大地震の揺れを「避ける」ことはできませんが、揺れがもたらすその他の自然現象や自然災害は、土地や建物により回避できるものもあります。大地震から「死なない環境」を作るためには、揺れだけでなく各種の自然現象・自然災害によるリスクを把握し、避けるか、逃げるか、しのぐかの方向性を定めて対処することが重要です。

大地震による「自然現象」と「自然災害」

強い揺れ	建物の倒壊や、家具・家電の転倒・衝突などの被害をもたらす
津波	地震が海底の下の浅い場所で生じると、大きな津波が発生する
火山の噴火	大地震が火山の噴火を誘発することがある
土砂災害	地震の揺れが、がけ崩れや地すべりを生じさせる
ため池氾濫	農業用などのため池が破壊されて、浸水や土石流が生じる
液状化現象	埋め立て地などの地盤が液体上になり、建物やインフラに被害を与える
地震火災	炎の竜巻・火災旋風を伴う、大規模な延焼火災が生じることがある
原発事故	複合的な原因で原発のメルトダウン事故などが生じる恐れがある
インフラ被害	電気・水道・道路などのインフラを物理的に破壊する恐れがある

地震の揺れという「自然現象」が、人・建物・インフラなどに大きな被害を生じさせると、地震は「震災」という自然災害に変わる。我が家の対策を万全にすることで、社会的な震災を、我が家的には自然現象で抑えることが重要。

大地震の「揺れ」と「確率」

「地震揺れやすさマップ」
どこにでも「震度7」が生じると想定する

「地震マップ」や「揺れやすさマップ」は、自分の街で大地震が発生した際に、「どこ」が「どのくらい」の揺れに見舞われるか、想定される震度を地図上に色で表した資料です。この資料を確認する際には「○○市 地震マップ」「○○町 地震揺れやすさマップ」などのキーワードを使い、スマートフォンやパソコンで検索をしてください。

一方、紹介しておきながら申し訳ないのですが、地震マップに記載されている震度はあまり参考にしないでください。想定震度は、「想定の場所で、想定する大きさの地震」が生じた場合の予測です。しかし、「次」の大地震が、想定通りとは限らず、日本はどこでも大地震が生じます。家庭の防災計画では、常に「震度7」の揺れに見舞われることを前提に、地震対策を行うことが重要です。

東京都による「首都直下地震等による被害想定」資料

想定される首都直下地震により、どこがどのくらい揺れるかを色分けで示しているのがこの地図。震源の位置や地震の規模が変われば、場所ごとの想定震度も大きく変化する。こうした資料に捉われず、常に「震度7」の揺れを想定し、「耐える」準備をすることが重要。出典：東京都：首都直下地震等による東京の被害想定（令和４年５月25日公表）

「首都直下地震」で予想される震度分布

都心南部直下地震（M7.3）　　立川断層帯地震（M7.4）

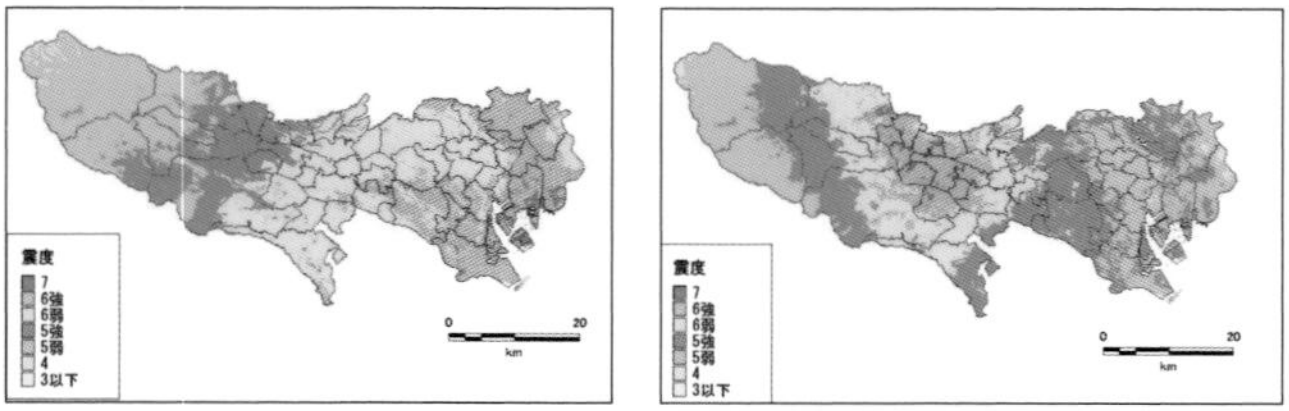

「どこ」を震源に、「どのくらい」の地震が生じるかで「予想される震度」は大きく変わる

「地震ハザードステーション」

大地震が発生する「確率」の考え方

「地震ハザードステーション」は、文部科学省が所管する組織、防災科研（NIED）によって運営されるWEBサイトです。日本全国の「地震ハザードの共通情報基盤」として活用されることを目指して公開されています。

リスク把握において見るべき項目としては、大地震に見舞われる確率を示した地図「確率論的地震動予測地図」を閲覧できる「J-SHIS Map」や、特定の場所の地震リスクを総合的にまとめたレポートを出力できる「地震ハザードカルテ」などがあります。いずれも登録不要・無料で使える機能ですので、ぜひ触ってみてください。

なお、「将来的に大地震が生じる確率」は、参考程度にとどめてください。行政や企業が地震対策を行う際には、地震の「確率」を出すことで、防災の予算を優先的に振り分ける地域を定める必要があります。しかし大地震は、確率の高い・低いにかかわらず、日本中いつでもどこにでも生じています。自宅周辺の「地震の確率」が低かったとしても、家庭においては明日大地震が生じる、と考えた対策が重要です。

防災科研「地震ハザードステーション」J-SHIS Map

30 年以内に震度 6 弱以上の揺れに見舞われる確率を「J-SHIS Map」で表示させた状態。地震に関する様々な情報を自分で閲覧することができる。ただし「確率」については参考程度に捉え、「どこにでも大地震は生じる」と認識することが極めて重要。出典：防災科研「地震ハザードステーション」J-SHIS Map

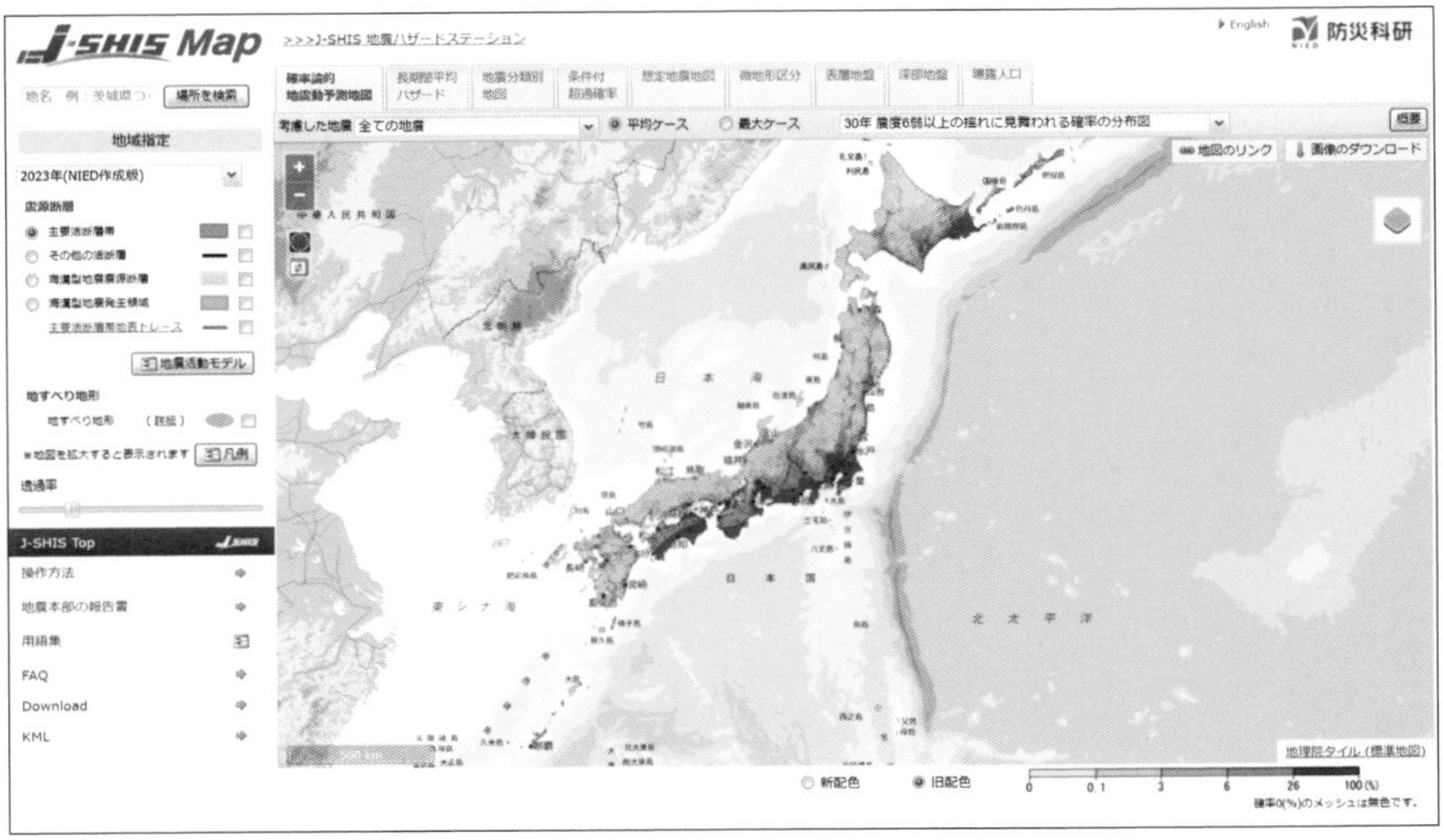

大地震と「地盤」

「我が家の地盤」が良好であれば地震から「命」を守りやすくなる

地震対策において地盤の固さは重要です。具体的には、自宅の建物に直接影響する「我が家の地盤」と、周辺のインフラ被害の程度に影響する「地域の地盤」の2点を意識して、土地選びを行うことが重要です。

「我が家の地盤」は、「強い地盤」を選ぶ、逆にいえば「弱い地盤」を避けることで、地震の揺れを軽減させることができます。大地震を「避ける」ことはできませんが、適切な地盤を選ぶことで、影響を軽減させることは可能です。

また、大地震などが発生しなくとも、軟弱な地盤に不適切な設計で建てられた住宅は、家が傾く「不同沈下」を起こすことがあります。建物や設備に大きな影響を与える他、最悪の場合は居住ができなくなる「我が家のみの災害」となりますので、地盤の確認は重要な要素です。

「地域の地盤」が良好であればインフラに対する被害が軽減される

「地域の地盤」は、自宅だけでなく市町村単位で地盤がよいエリアを選ぶことで、大地震によるインフラ影響を軽減させるために確認をします。例えば地震で液状化現象が発生すると、上下水道やガスなど地中にあるライフラインや道路などに、大きな被害を与えます。我が家の建物が無事であっても、地域のインフラが破壊されれば、長期間にわたり生活が困難になります。

ということで地盤選びは重要なのですが、良好な地盤の上に自宅を建てたとしても、足下で大地震が生じれば、結局のところ激しく揺れます。一方、地盤改良工事や建物に対する工夫で、地震の揺れに対する被害を軽減させることができます。「我が家と周辺の地盤は固い方がよいが、それが全てではない」ということを認識し、地盤を確認してください。

「地理院地図」地形分類から地盤の状態を把握する

「地理院地図」は、国土交通省の機関である「国土地理院」によって運営されるWEBサイトです。国土地理院が保有する地図、地形図、標高、地形分類、過去の災害情報などを地図上に示して閲覧することができます。

地盤を確認する際に重要な情報は、「土地の成り立ち・土地利用」の項目にある「地形分類（自然地形）」と「地形分類（人工地形）」のふたつの地図となります

自然地形は、その土地そのものの成り立ちを確認することができますので、地域全体の地盤を確認するために役立ちます。低地を避け山地や台地に広がる地域を選ぶことで、大地震の直撃を受けても、インフラへの被害が生じづらいエリアを選ぶことができます。

人工地形は、土地に対して人が手を加えた状況を確認することができます。地域全体の地盤の確認はもちろん、例えば「全体としては台地で地盤のよいエリアだが、ピンポイントで盛《も》り土《ど》になっている軟弱地盤を避けて土地を選ぶ」といった使い方が可能です。

我が家の地盤の状況を把握する

国土地理院「地理院地図」

地理院地図の「土地の成り立ち・土地利用」を開いた図。左が「地形分類（自然地形）」、右が「地形分類（人工地形）」。例えば山地を切り開いたニュータウン、地域全体は「山地・台地（茶色・オレンジ色）」が多く地盤は良好であり、液状化によるインフラ被害のリスクは低い。しかし場所によっては「盛り土（赤色）」が点在しており、ここは軟弱地盤になるため「我が家」の土地としては避けたい。などの確認を行うことができる。

大地震と「地震火災・火災旋風」

大地震による最悪の二次災害のひとつ 炎の竜巻「火災旋風」を伴う「地震火災」

大地震の揺れは様々な自然現象・二次災害を招きますが、その中でも最悪のもののひとつが「地震火災」です。地震火災は、都市部で生じる大規模な延焼火災のことで、「同時多発的に発生」「都市の消防能力を超える火災が発生し、自然鎮火を待つしかない」などの特徴を持ち、発生すると大地震による被害を大きく拡大させます。

過去には、1923年の関東大震災や、1995年の阪神・淡路大震災で地震火災が発生した他、近い将来の発生が想定される「首都直下地震」でも地震火災による被害が想定されています。さらに、大規模な地震火災は「火災旋風」と呼ばれる炎の竜巻をもたらし、進路上にあるものを全て焼き尽くす恐ろしい現象をもたらします。関東大震災や太平洋戦争における空襲でも、各地で火災旋風が発生しました。

木造住宅の密集する古い住宅地「木密地域」を避けることで地震火災を回避

地震火災が生じやすい地域には特徴があります。まず、古い木造住宅が多い地域です。大地震で多くの建物が倒壊することで、街中に「薪《まき》の束《たば》」が生まれ、火災が広がる原因となります。さらに、路地が細く入り組んでいる地域も危険です。倒壊した建物で道路が塞がれ、消防活動を行う車両を迅速《じんそく》に展開できなくなり、火災による被害が拡大します。

このような地域を「木造住宅密集地域」、通称「木密地域」と呼びますが、木密地域を避けて居住することで、地震火災を「避ける」ことができます。地震火災は「我が家」だけ頑丈にしても逃れることができず、また状況によっては「逃げ場がない」こともあり得るため、できるだけ避ける方法で命を守る環境を作っていただきたい災害です。すでに該当地域にお住まいの場合は、「避難」の準備が重要です。

「地震火災ハザードマップ」を活用し、リスクの把握と避難先を確認する

「地震火災ハザードマップ」は、地震火災の生じやすい地域などを、地図上に示した資料です。火災の危険度だけでなく、「建物倒壊の危険性」「道路閉塞の危険性」などが示される場合もあります。作成される地域は大都市を中心とした、木造住宅密集地域が中心です。名称も「地震火災ハザードマップ」ではなく、「地震地域危険度」や「地震災害危険度評価」などと呼ばれる場合があります。

この資料を確認するためには、「○○市 地震火災」や「○○県 地震危険度マップ」といったキーワードで検索をし、直接資料を探すことが必要です。またこうした資料が作成されていない場合においても、自宅の周辺に木造住宅や狭い路地などが多く存在する場合は、地震火災の危険性が高い地域です。徒歩で移動できる範囲にある「火災の延焼を避けられる広い場所」などを確認しておくことが重要です。

地震火災が発生する状況においては、建物倒壊などで道路が塞がれている可能性も高いため、複数の避難経路を事前に検討しておくことが重要になります

東京都「東京危険度マップ」2022年度版

地震火災のリスクが極めて高い東京都は、全国で最も見やすい地震火災ハザードマップとして、「東京危険度マップ」を作成し公開している。「町内」単位で、建物倒壊危険度・火災危険度・総合危険度を算出し、5段階に色分けした危険度や、避難場所や避難経路などを地図に表示している。図は、総合危険度1位・2位の地域がある東京都荒川区の地図。

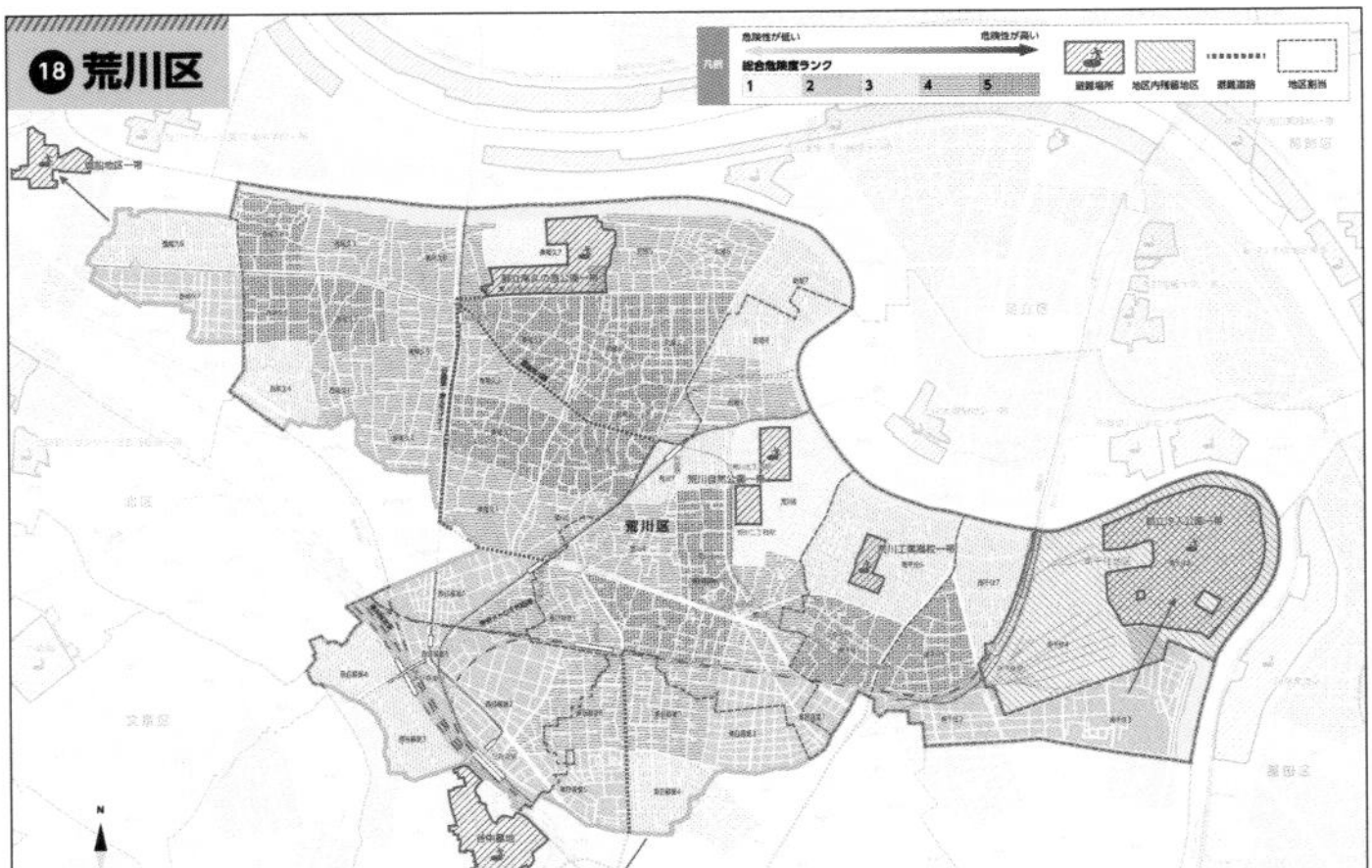

火山の噴火によるリスクを把握する

噴火の規模や様式により異なる火山噴火に対する備えの方向性

世界には約1500の活火山が存在し、そのうち111箇所が日本列島に存在します。昔は「活火山・休火山・死火山」などの呼び名があった火山ですが、2003年以降は「概ね過去1万年以内に噴火した火山及び現在活発な噴気活動のある火山」だけを「活火山」と定義するようになりました。

火山の噴火という自然現象を「避ける」ためには、火山のない地域に暮らすことになります。しかし、日本国内で火山が存在しない地域は近畿と四国に限られるため、「耐える」「逃げる」「しのぐ」対応も併用することが現実的です。

火山の噴火による影響と対策は、物理的な破壊力の強い「近距離影響」、主に火山灰によるインフラ影響が生じる「広域影響」、そして頻度は少ないですが甚大《じんだい》な被害を与える「超巨大噴火」に分けて、考えて行くことになります。

火山の噴火による影響

近距離影響
各種現象による物理的な被害

火山ガス、大きな噴石、火砕流、溶岩流、火山泥流・土石流、山体崩壊など、逃げないと死ぬ物理的な影響。

▼

火山噴火ハザードマップなどを活用し、避難計画を立てる。

広域影響
火山灰によるインフラへの被害

火山灰の降灰による、停電・断水・交通障害など、広範囲のインフラに影響を与える間接的な影響。

▼

他の災害への備えと兼用で、日頃からの防災備蓄を行う。

超巨大噴火
破局噴火による地球規模の被害

破局噴火と呼ばれる超巨大噴火による影響。周辺に対する破滅的な被害と、地球規模の寒冷化影響。

▼

対策が極めて難しいが、広域避難と長期備蓄で対応する。

「火山噴火ハザードマップ」
火山の近くから逃げる「避難計画」を立てる

「火山噴火ハザードマップ」は、噴火が発生した際の影響について、「どのような現象」が、「どの辺りの場所」に生じるかを地図上に示した資料です。

噴火による被害が想定される地域において作成され、紙や画像データとして公開されています。「〇〇山 噴火ハザードマップ」などのキーワードで検索をするか、国土交通省のハザードマップポータルサイト「わがまちハザードマップ」WEBサイトから探すことができます。

火山の噴火による影響でわかりやすいものは、強い破壊力を伴う、主に火口周辺に被害をもたらす近距離影響です。人体に強い影響を与える「火山ガス」、噴火と同時に周辺へ物理的な被害をもたらす「大きな噴石」、数百度の混合物質が時速百キロ以上で疾走する「火砕流」、火山の象徴にして対処が難しい「溶岩流」、広い範囲に破壊的な影響をもたらす「火山泥流・土石流」、火山周辺の地形そのものを変えてしまう「山体崩壊」など、自宅を頑丈にしても耐えられない影響については、「走って逃げる」ための避難計画が重要となります。

鹿児島市「桜島火山ハザードマップ」（平成 22 年 3 月発行）〔令和 5 年 6 月更新〕

日常的に噴火が生じている桜島火山のハザードマップ。桜島で噴火が発生した際に、噴火の規模に応じてどのエリアがどのような影響に見舞われるのかの想定と、避難場所・避難経路などが地図上に示されている。自宅周辺に火山がある場合は、必ず確認をする。

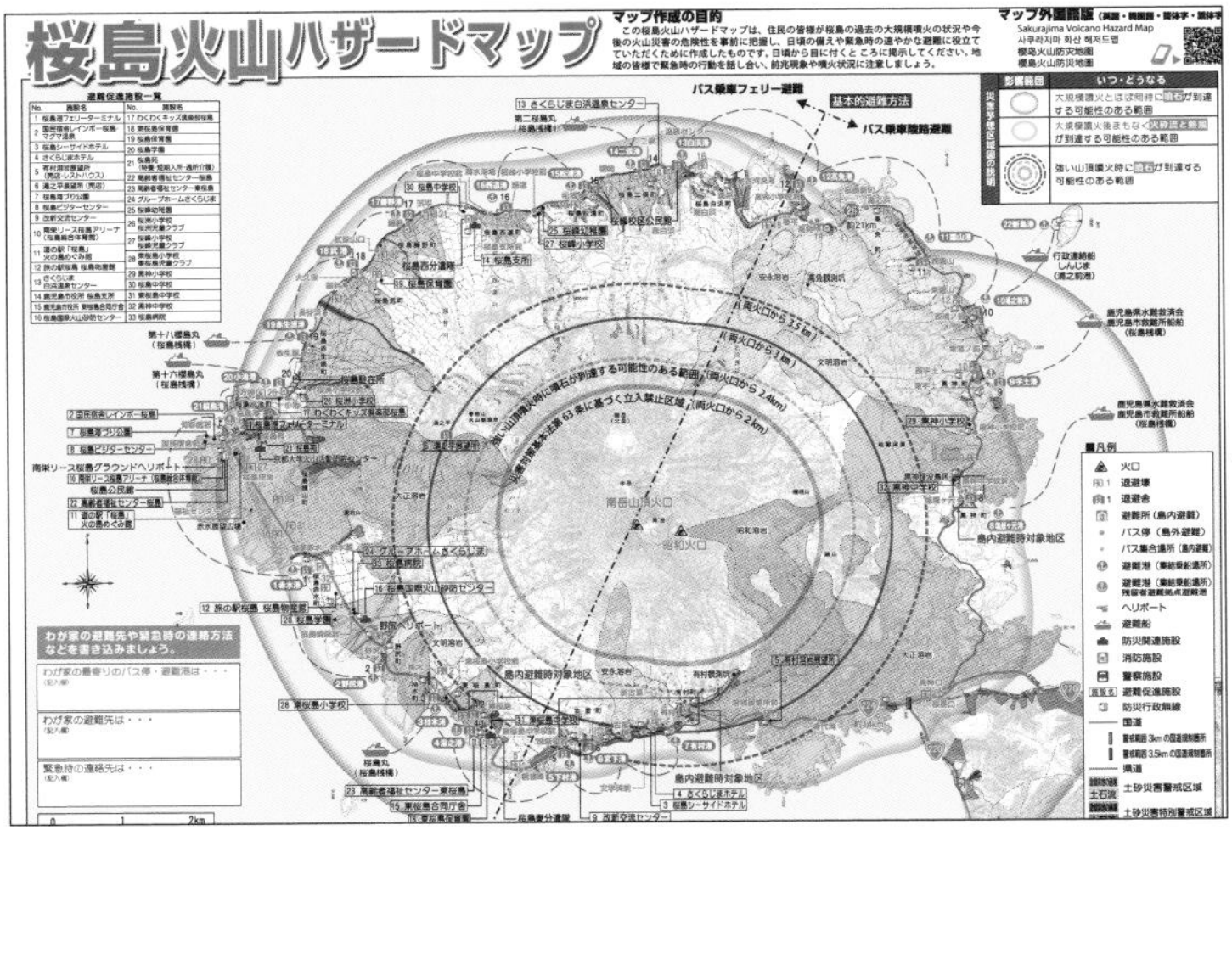

火山灰による「広域影響」は最寄りに火山がなくとも対策が必要

噴石・火砕流・溶岩流などの近距離影響は、火山の噴火口周辺のみに被害をもたらしますので、自宅周辺の数キロから数十キロ圏内に火山がなければ、避難の準備は不要となります。一方、噴火による「火山灰」の影響は、火口周辺に対しても大きな被害をもたらしますが、火山から100キロ以上離れた地域にも影響をもたらすことがあります。これが火山灰による「広域影響」です。

広域影響は、火山灰が都市部に降り積もる（降灰）することで、健康被害をもたらしたり、自動車や鉄道の運行ができなくなったり、雨と混ざることで停電や通信障害をもたらしたり、屋外の電気機器を故障させたりと、インフラに対して大きな影響をもたらすことが想定されています。

火山灰による広域影響は、噴火の規模および風向きにより、かなり広範囲にまで影響をもたらす恐れもあるため、「避ける」ための土地選びが難しいという問題があります。身動きがとれなくなる前に遠方へ「逃げる」か、防災備蓄品を確保して噴火が収束するまで「しのぐ」方法が有効です。

内閣府・中央防災会議「大規模噴火時の広域降灰対策について」令和２年４月

富士山噴火をモデルケースとした、広域降灰の影響を地図上に示した資料。富士山における前回の「宝永噴火」と同じような噴火が発生し、降雨のある状態で西南西の風が吹いた場合の影響が示されている。噴火発生から３時間後には東京23区でも停電が発生、15日後には四輪駆動車の通行も難しくなることが想定されている。

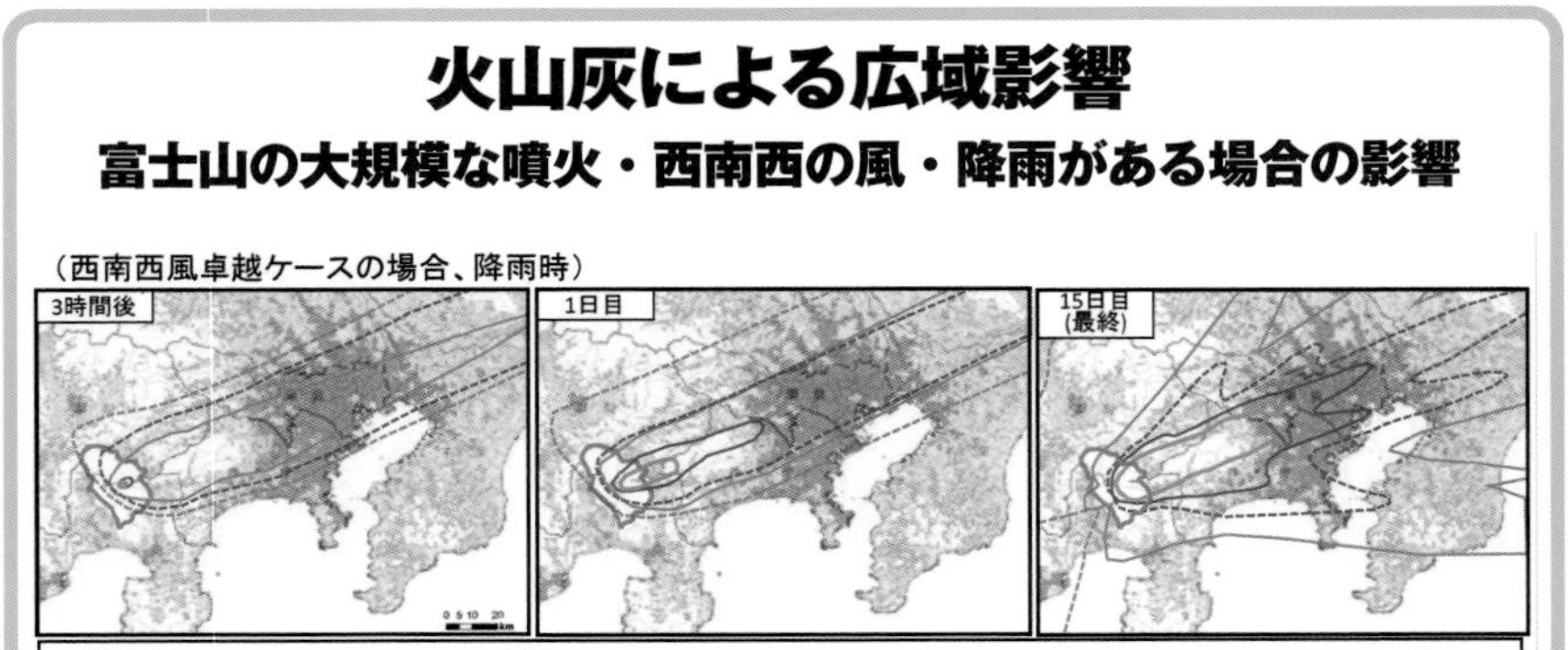

地上で生じる最悪の自然現象「超巨大噴火」への備えは地球規模で行う

地球上で生じる最大規模の自然現象のひとつが「超巨大噴火」です。台風の大きさや大地震の規模には、物理的にある程度の上限がありますが、噴火の規模に事実上の制約はなく、過去には文明を滅ぼしたり、生物の大量絶滅を招いたりする規模の噴火も生じています。

あまりにも被害甚大となるこの現象は「破局噴火」とも呼ばれていますが、大きく分けると「日本で発生」した場合と「海外で発生」した場合の影響に分けられます。日本では約7300年前に、鹿児島の南にある「鬼界《きかい》カルデラ」で発生した噴火が最新です。この噴火は南九州の縄文文明を火砕流で焼き払って消滅させ、東北以南まで火山灰を降らせています。この規模の噴火に対する「備え」は難しく、沖縄で暮らすか、海外へ避難するかなどの対応が必要となります。

超巨大噴火が海外で発生した場合は、火山噴出物による「日傘効果」で生じる、全地球規模の寒冷化および農業への壊滅的な影響、これに伴う食料危機への備えが必要です。個人の備えだけでは難しく、国レベルの対応が求められます。

書籍「今日から始める本気の食料備蓄」

(2022年・徳間書店)
当書籍の著者（高荷智也）が前年に出版した、食料備蓄をテーマとした書籍。火山の超巨大噴火をはじめ、局地紛争や核戦争、天文現象、感染症パンデミックなどで「食料危機」が発生する状況を想定し、数か月分以上の備蓄方法を解説している。食料危機などへの備えは、当書籍で解説している「普通の災害」に対する備えとは異なるノウハウが必要となるため、我が家の「死なない環境」作りができた後、長期備蓄にも取り組みたいという方にオススメしたい書籍。

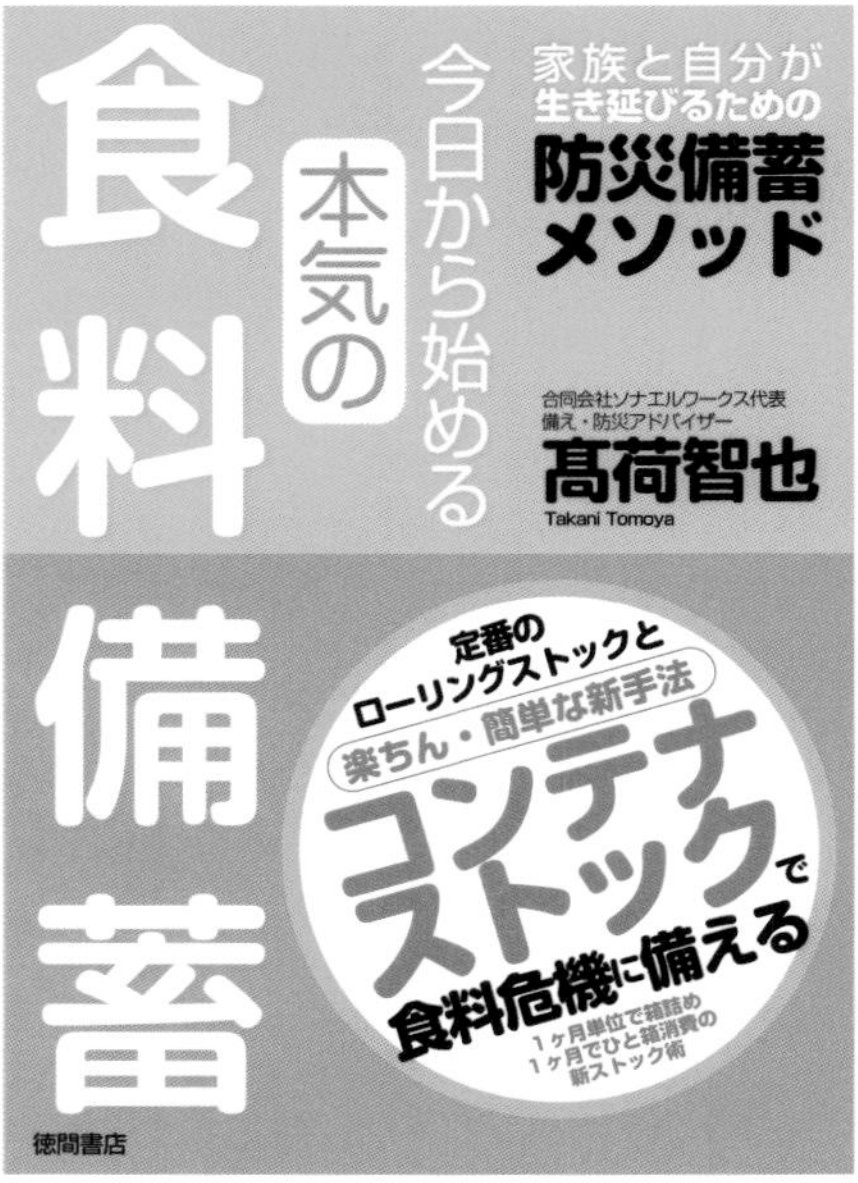

台風・大雨によるリスクを把握する

水害は「避ける」ことも「逃げる」ことも可能
自然現象そのものを回避することを考える

どこにでも生じる大地震と異なり、浸水害や土砂災害は発生する場所が決まっていますので、沈んだり崩れたりしない場所に住むか、影響の生じない高さの部屋に住むことで、自然現象そのものを「避ける」ことができます。また、やはり予知ができない大地震と異なり、台風や大雨は「いつ・どこに・どのくらい」の現象が生じるのかがわかりますので、あらかじめ危険な場所から「逃げる」こともできるのです。

一方、近年進む地球温暖化の影響を受け、大雨の頻度は増加しています。さらに、現在の台風より大きな被害をもたらす、いわゆる「スーパー台風」も増加することが想定されています。治水や避難情報の進歩で小規模な水害は減ってきていますが、大規模な被害をもたらす水害が今後増加する可能性があり、「避ける」「逃げる」対策の重要性が増しています。

極端現象が明らかに増加している
異常気象ではなく
気候変動
であることを認識

全国（13 地点平均）の
猛暑日の年間日数

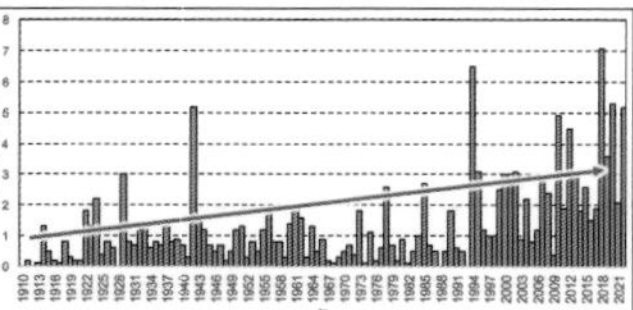

猛暑日の年間日数
日最高気温 35℃以上
直近約 100 年で 3.5 倍に増加

全国（アメダス）の
1 時間降水量 80㎜以上の
年間発生回数

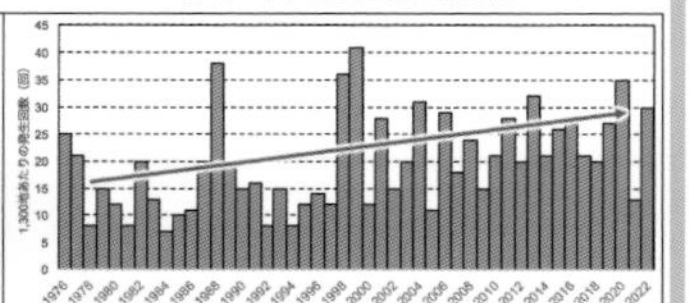

猛烈な雨の年間発生回数
1 時間降水量 80mm
直近約 45 年で 1.8 倍に増加

出典：気象庁『大雨や猛暑日など（極端現象）のこれまでの変化』

「台風・大雨」による自然現象と自然災害「水害ハザードマップ」について

気象観測網やスーパーコンピューターの進化に伴い、台風や大雨という「自然現象」は、いつ・どこに・どのくらいのものが生じるか、予知レベルでわかるようになりました。また、台風や大雨により想定しうる最大クラスの「自然災害」に発展した場合に想定される影響についても、「水害ハザードマップ」で可視化されており、これを活用することで家庭の防災計画を進めることができます。

水害ハザードマップには、「頻度《ひんど》は低いものの、想定される最悪の大雨による最大級の影響」が色で表示されています。ハザードマップ上で危険がない場所を選んで住めば、水害の多くは「避ける」ことができます。一方、自宅周辺に色が付いており、かつその場に留まると命に危険が生じる恐れがある場合は、「逃げる」ことで命を守ります。

水害ハザードマップは、自然現象を回避するための土地を選ぶ資料としてだけでなく、自然災害から避難をするための方針や、具体的な計画を立てるための前提条件として重要です。自宅周辺のハザードマップを全て確認しましょう。

台風・大雨による自然現象と自然災害

津波　地震や噴火により生じる「津波」は「水害ハザードマップ」で確認する

高潮　台風や低気圧の影響で海面が上昇して生じる、海水による浸水害

洪水　大雨などで河川の流量が増加して生じる浸水害、外水氾濫ともいう

※洪水による水の勢いによる影響は「家屋倒壊等氾濫想定区域（氾濫流・河岸浸食）」というハザードマップで表されている。

内水氾濫　下水道や水路の排水能力を超える大雨などで生じる浸水害

ため池　地震や大雨で農業用の「ため池」が決壊・氾濫して生じる災害

土砂災害　地震や大雨で生じる、がけ崩れ・土石流・地すべりなどの災害

台風や大雨そのものの発生は事前にわかるが、どのような影響・被害をもたらすかはわからない。想定される最悪の影響を可視化したものが、上記に関するハザードマップとなる。

自治体（市区町村）が作成する水害ハザードマップについて

水害ハザードマップを確認する際の基本は、自宅のある自治体（市区町村）が作成している地図を見ることです。自治体のハザードマップには、津波や洪水などの影響度合いを示した色のほか、避難場所や避難ルート、自治体の防災施設などが記載されています。特に避難場所は、自然現象の種類ごとに「命を守れる場所」が掲載されていますので、自宅周辺で命にかかわる影響が生じる想定の場合は、どこへ逃げるべきかを確認することが重要です。

自治体のハザードマップは、種類ごとに紙へ印刷されたり、複数の資料をまとめた「○○市 総合防災マップ」などの冊子になっていたりします。紙の資料がない場合は「○○市ハザードマップ」などのキーワードで検索をするか、国土交通省のハザードマップリンク集「わがまちハザードマップ」のWEBサイトから、デジタル版の資料を探してください。

また、ハザードマップは定期的に更新されます。新年度明けから水害シーズンを迎えるまでの間、毎年5月頃に自宅周辺のハザードマップを見直すようにしましょう。

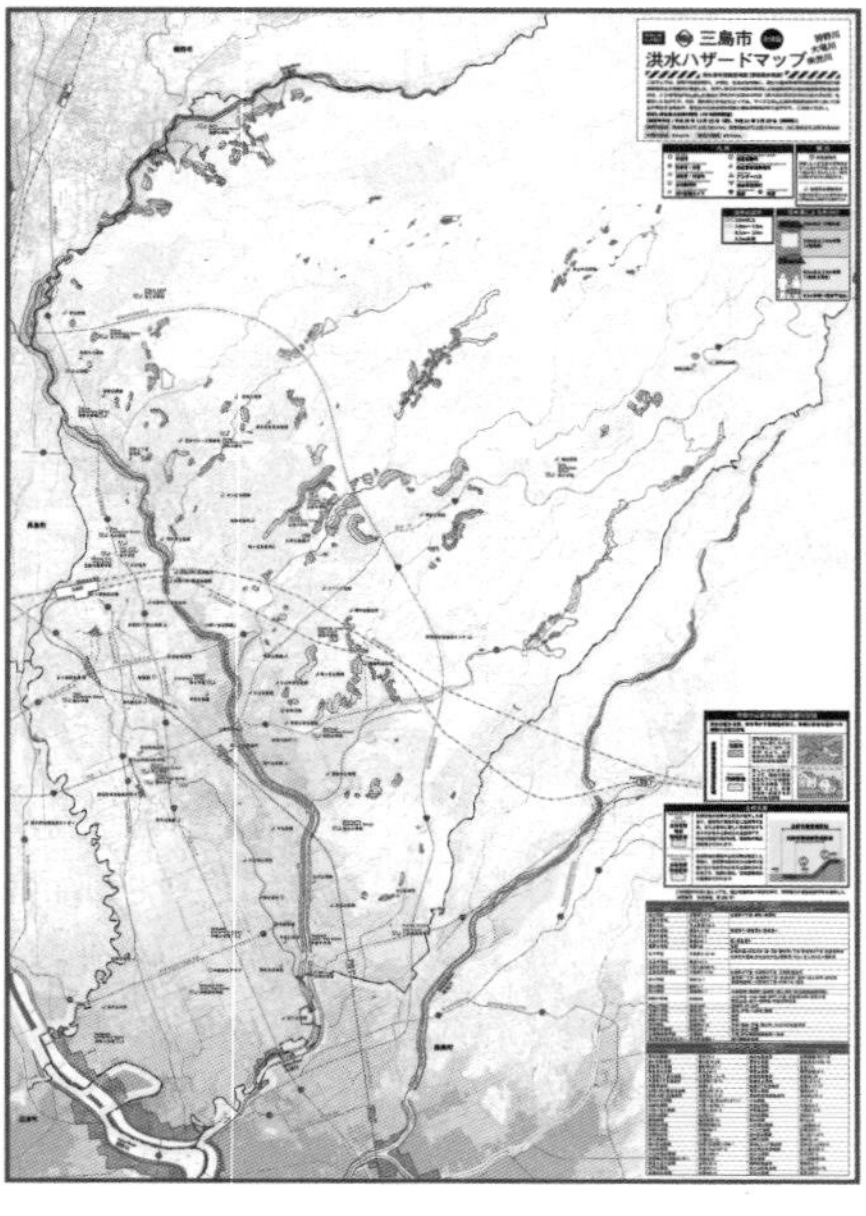

静岡県三島市「洪水ハザードマップ」

著者が住む自治体の洪水ハザードマップの例。おおよそ「千年に一度」の確率と想定される「最大規模の降雨」があった場合に生じる洪水による「浸水深」の他、水の勢いで建物に被害が生じる「家屋倒壊等氾濫想定区域」や、「土砂災害警戒区域」なども地図上に示されている。災害を避ける場合はこのようなハザードマップを見て、色のついていない場所にある建物を選ぶ。避難をする場合は、やはりこの地図に載っている避難場所を確認しておくことが重要。

国が提供する「重ねるハザードマップ」について

「重ねるハザードマップ」は、国土交通省が提供する、スマートフォンやパソコンで閲覧できるWEBのハザードマップです。津波・高潮・洪水・土砂災害に関するによる影響を、地図上に重ねて表示させることができます。

自治体の地図に「隣町」の情報は掲載されませんが、重ねるハザードマップは全国のハザードマップを、拡大・縮小しながら、途切れることなく閲覧することができます。複数の自治体に自宅・実家・学校・勤務先などがある場合に役立つ他、旅行や出張先で、周辺のリスクを把握してから行動を開始する、という目的にも役立ちます。

避難場所などの情報は、自治体のハザードマップのほうが詳しく、地図としての使いやすさは、重ねるハザードマップのほうが優れます。なおハザードマップを使用する際の基本ですが、ハザードマップは「危険地図」であり、「セーフティマップ」ではありません。ハザードマップで拾えていない危険もありますので、「安全な場所」を探すのではなく、「危険な場所」を避ける目的で活用しましょう。

国土交通省「重ねるハザードマップ」

スマホやPCで閲覧できる、登録不要・無料で使える全国のハザードマップ。「死なない環境」作りにおいて最初に見るべき、基本中の基本ともいえるWEBサイト。

①調べたい場所の「住所」や「駅・施設名」を入れます。
②その地点のリスクが概要表示されます。
③ボタンを押すと、表示されるハザード情報の切り替えができます。

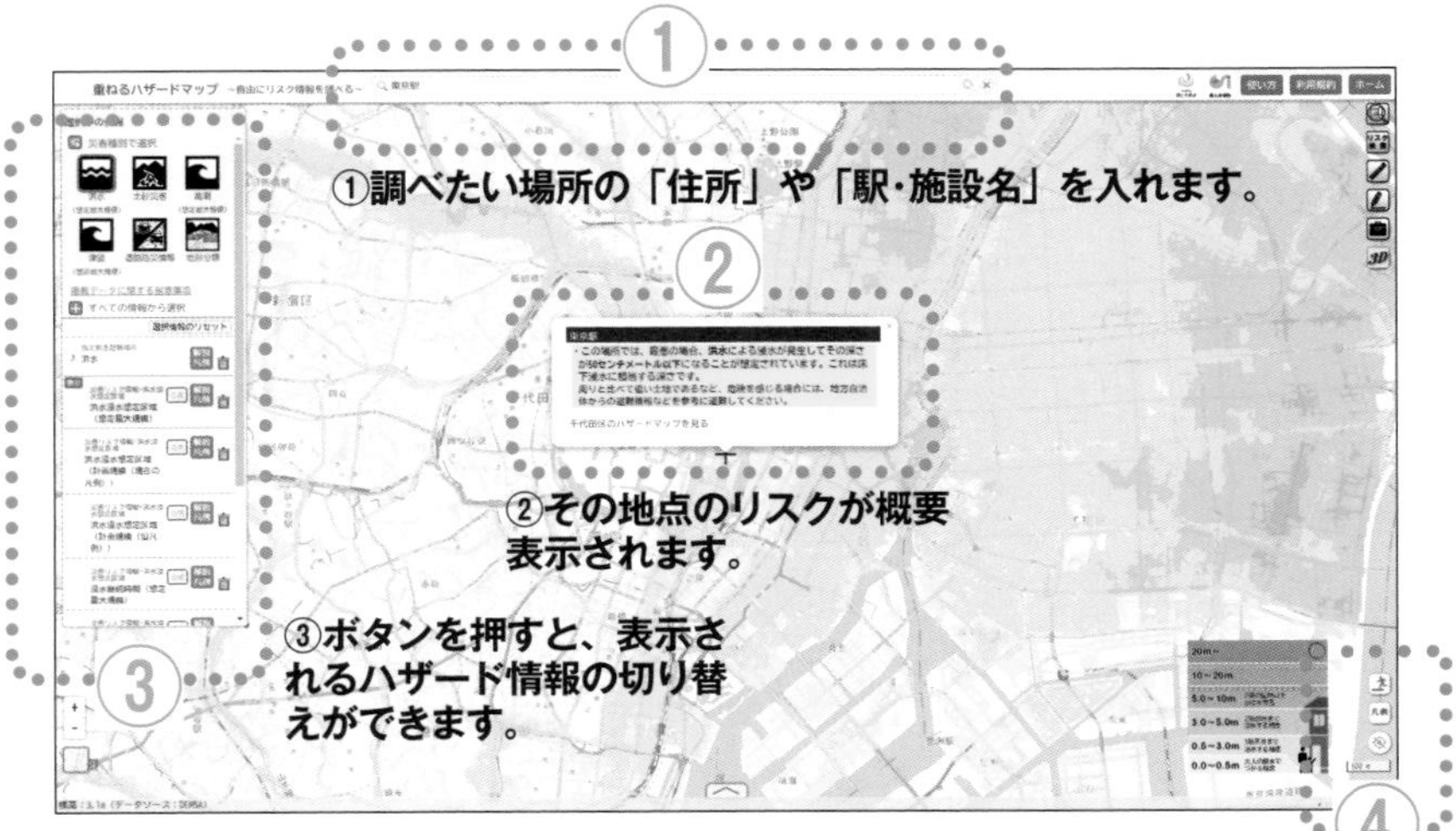
④「現在地」を表示させることもできます

津波ハザードマップ

「津波ハザードマップ」大地震直後は常に津波への警戒を

「津波ハザードマップ」は、津波による被害が想定される区域と、その程度（想定される浸水深）を示した地図資料です。「重ねるハザードマップ」では浸水深のみが色で示されますが、自治体の津波ハザードマップには、津波の想定到達時間や、避難場所・避難経路などの情報が記載されているものもありますので、必ず両方のハザードマップを見てください。

津波を引き起こす現象としては、海で生じる大地震、火山の噴火、大規模な土砂災害、天文現象（隕石の落下）などがありますが、いずれも突発的に発生する可能性が高い現象であるため、発生してからの避難が間に合わない可能性が高い現象です。死なないためには、津波が想定されるエリアを「避ける」か、高い場所に暮らすことが最優先、難しい場合は「逃げる」準備を徹底してください。

津波で死なないために

避ける	津波の浸水想定区域内には居住しない。津波は突発的に発生する可能性が高く、避難が間に合わない恐れがあるため。
耐える	津波を避けられない区域の場合は、鉄筋コンクリートなどの頑丈な建物で、想定される津波の浸水深よりも高い部屋に住む。
逃げる	津波の直撃が想定される場合は、大地震が発生した直後、または津波警報などが発令された直後に、避難場所へ避難する。
しのぐ	大きな被害をもたらす津波が発生した場合、その他の二次災害によっても大きな被害が生じる可能性が高い。他の災害より多めの備蓄を確保する。

津波は恐ろしい災害であるが、発生頻度でいえば人生に数度あるかどうか程度ともいえる。割り切って海辺で暮らす場合は、せめて「逃げる」準備だけでも万全に行う。

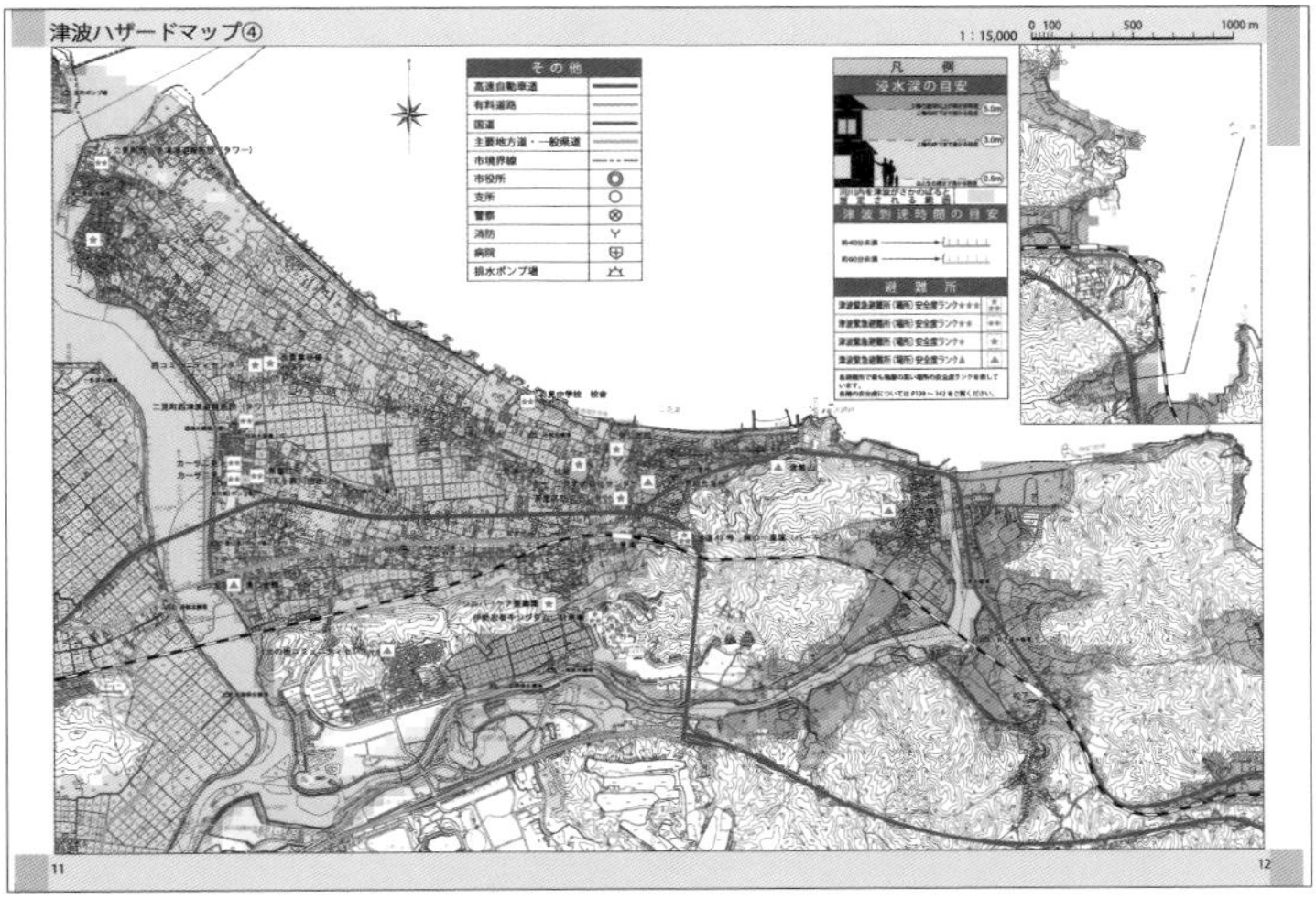

三重県伊勢市「津波ハザードマップ」

南海トラフ巨大地震による大きな津波被害が想定されている地域のひとつ。想定される浸水深に加え、津波の到達時間の目安や避難所の安全度合いも記載されている。

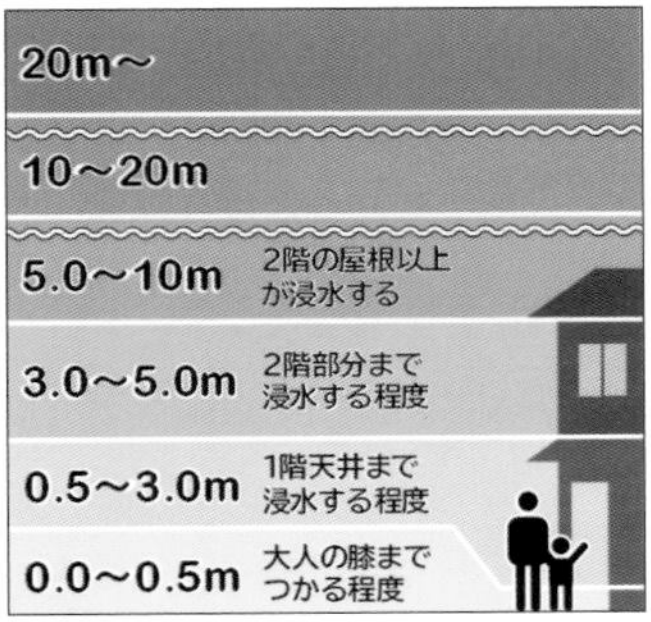

「浸水」ハザードマップの「浸水深」色について

各地点において想定される、最大の「浸水深」が色で塗り分けされて記載される。この色は「水防法」という法律で定められており、津波・高潮・洪水・内水氾濫共通。津波ハザードマップの「浸水深」は、「その場所の地面からの高さ」であり、「海面からの高さ」ではないことに注意。さらに、浸水深には何メートル沈むかを示した「浸水深」と、津波が建物などに衝突した際のせり上がり高さを加えた「基準水位」がある。安全な「部屋の高さ」を知るには基準水位を見ることが重要だが、多くのハザードマップには浸水深が示されている。どちらで記載されているのかを確認することが重要。

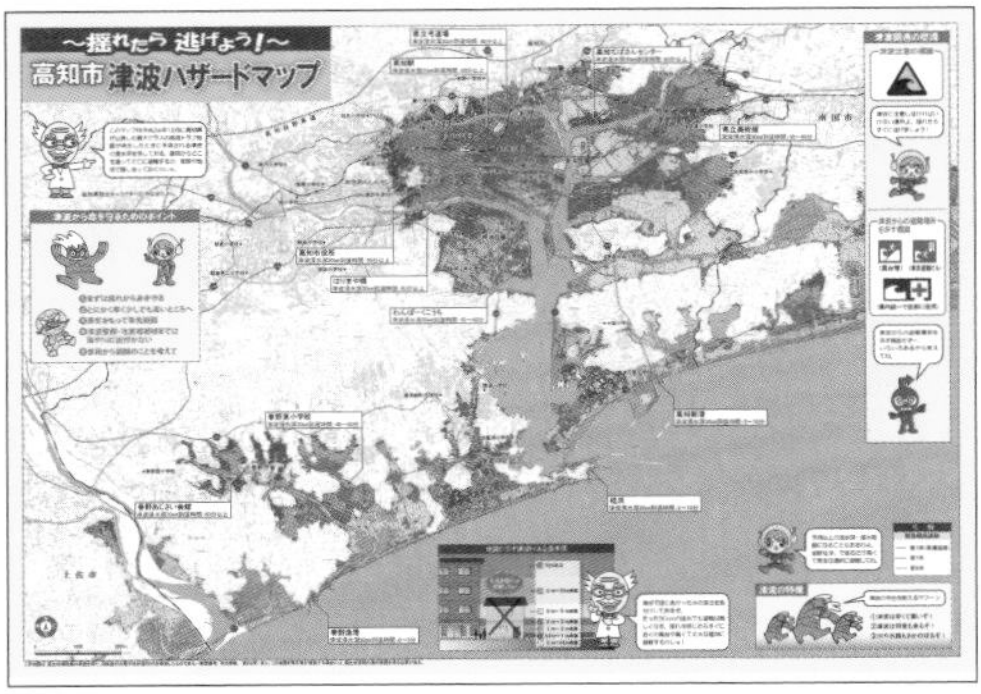

高知県高知市「津波ハザードマップ」

こちらも、想定される津波の浸水深と到達時間が記載されている。なお、2015年の法律改正（水防法）で浸水深の「配色」が改められたため、これ以前のハザードマップの色分けは現在と異なる、閲覧時には注意。

高潮・洪水・内水ハザードマップ

「浸水ハザードマップ」
台風・大雨による高潮・洪水・内水氾濫

浸水ハザードマップは「高潮《たかしお》・洪水《こうずい》・内水氾濫《ないすいはんらん》」3つのハザードマップの総称で、台風や大雨で想定される浸水の影響度合いを、深さに応じて色分け表示した地図です。

「高潮」は海からくる浸水です。台風など強い低気圧により海面の水位が上昇し、さらに強風が吹くことで、防潮堤や河川の河口付近から水が浸入します。海水は無限に存在しますので、大きな被害をもたらす恐れがあります。

「洪水」は川からくる浸水で、外水氾濫《がいすいはんらん》とも呼ばれます。堤防が破壊される決壊、堤防を水が乗り越える越水などが生じることで、広い範囲に大きな被害をもたらします。

「内水氾濫」は都市の排水能力を超える大雨が降ることで、海や川のない場所でも生じることがある浸水被害です。周囲よりも土地が低くなっている場所で生じやすくなります

浸水害で死なないために

避ける	高潮・洪水・内水氾濫の浸水想定区域内には居住しない。しかし日本の都市部の多くは低地にあり、避けることができない場合もある。
耐える	居住地域全域が浸水する想定である場合は、マンションなどの「沈まない高さ」の部屋に住むことで、浸水を回避できる。
逃げる	津波と異なり、原因となる台風や大雨について警戒が呼びかけられるため、避難をすれば命を落とすことはない。逃げる準備を済ませておく。
しのぐ	高潮や洪水などで大規模な浸水害が発生すると、インフラにも大きな影響を与える。浸水が想定される地域の場合は、多めの備蓄を確保する。

浸水害の原因となる台風や大雨は、毎年のように発生するため、浸水が生じやすい地域の場合は連続して被災する可能性も高い。土地か建物で「避ける」準備を徹底したい。

名古屋市中区「洪水ハザードマップ」「内水氾濫ハザードマップ」（令和４年６月版）

左は「洪水」ハザードマップ。名古屋市中区は台地の上にあるため河川の決壊による浸水は想定されておらず、洪水ハザードマップも区内は白色（影響なし）となっている。
右は「内水氾濫」ハザードマップ。こちらは区内全域に浸水想定の色がついている。大雨により雨水の排水ができなくなると、河川が氾濫していなくても浸水が生じる可能性がある。

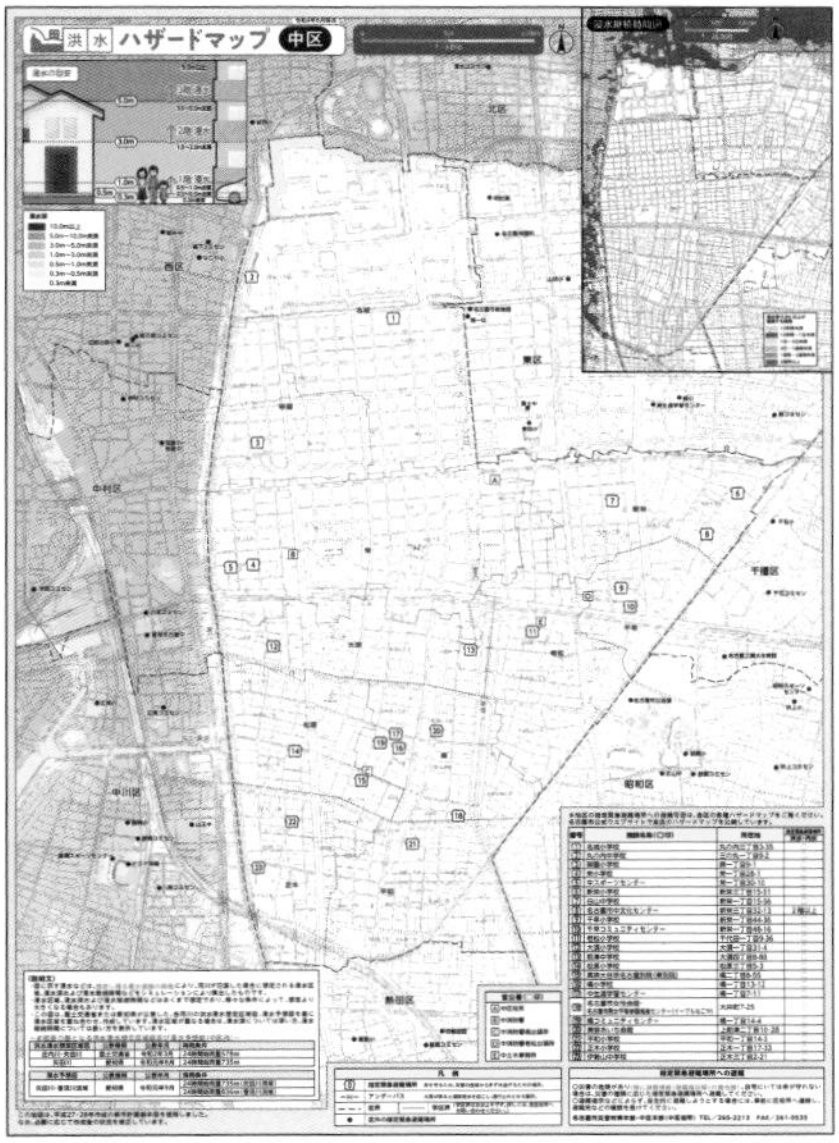

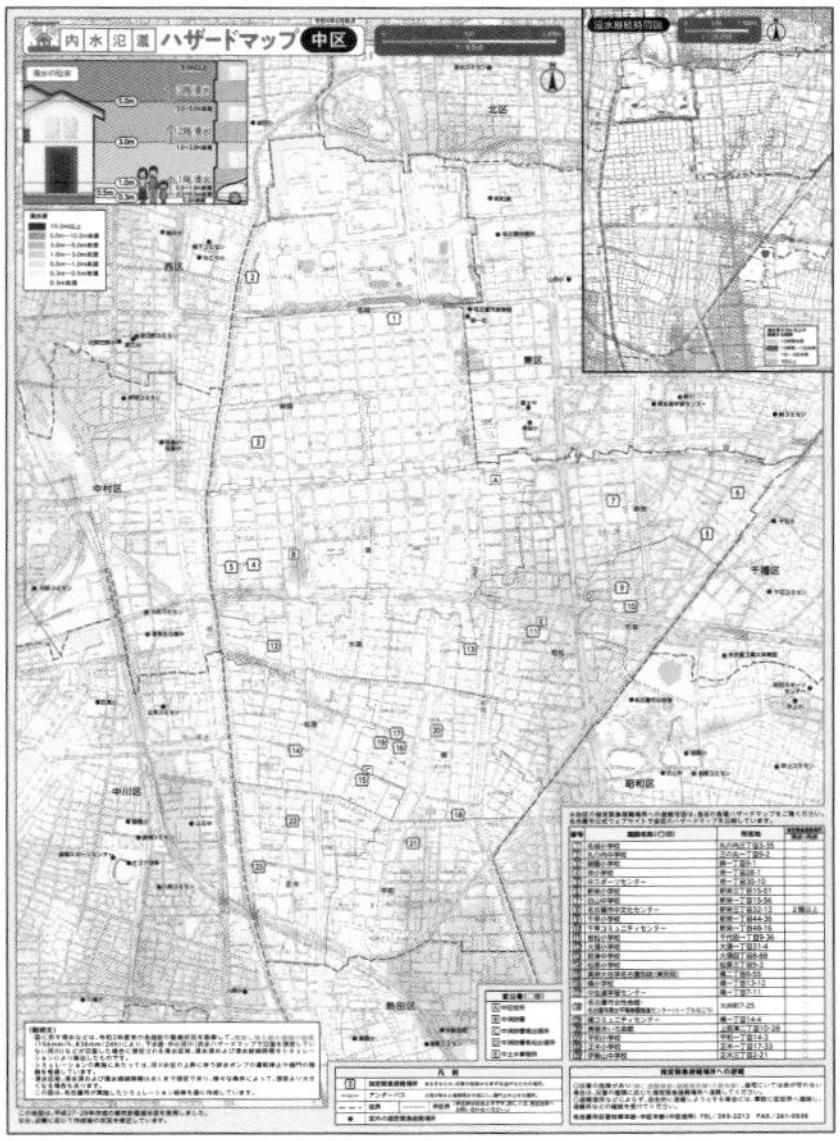

column

人口減社会に考える「逃げなくてよい暮らし」

毎年のように発生する「水害」ですが、被害の多くは「ハザードマップ」で想定された通りに生じています。ハザードマップ上では「想定内」の現象が、我が家にとっては「想定外」の災害になっている状況です。事前に避難をすれば死者もなくすことができた水害も多くあります。

一方、「避難」は大変で、避難指示のたびに毎回逃げるのは正直厳しいという方も多いでしょう。しかしこれを回避する方法は「引っ越し」しかありません。自分の世代では無理でも子どもや孫、これから「家があまる」人口減社会を迎える日本において、「災害のたびに逃げなくてよい街作り」を考えることが必要ではないでしょうか。

「浸水継続時間」浸水の影響が続く時間を表示

「浸水継続時間」は、浸水が発生した際に「どのくらいで水が引くか」を示したものです。浸水深が50㎝に到達してから、再び50㎝を下回るまでの想定時間を色で表したものになります。周囲より土地が低い地域や、いわゆる海抜ゼロメートル地帯では、ポンプを使って排水をしなければ自然に水が抜けることがないため、浸水継続時間も長くなる傾向にあります。

マンションの上層階などに居住している場合、浸水しても自宅に留まる選択をとれますが、浸水が長時間継続した場合、命は無事であっても各種のインフラが停止する恐れがあり、生活が成り立たなくなります。浸水継続時間が数日を超える地域の場合は、身動きがとれなくなる前に離れた地域へ移動を行うことも選択肢となります。

浸水継続時間は、2015年の法律（水防法）改正で、新たに作成されるようになった情報です。未作成の地域も多く、古いハザードマップには掲載されていません。

なお、「重ねるハザードマップ」で閲覧できる地域もあります。

国土交通省「重ねるハザードマップ」で表示した「浸水継続時間」

重ねるハザードマップで「洪水」ボタンを押すと、オプション表示の選択肢が下側に並ぶ。その中から「浸水継続時間」を選ぶと、このような表示がされる。全ての地域で作成されている訳ではないが、自宅周辺のデータがあれば、ぜひ確認をしておきたい。

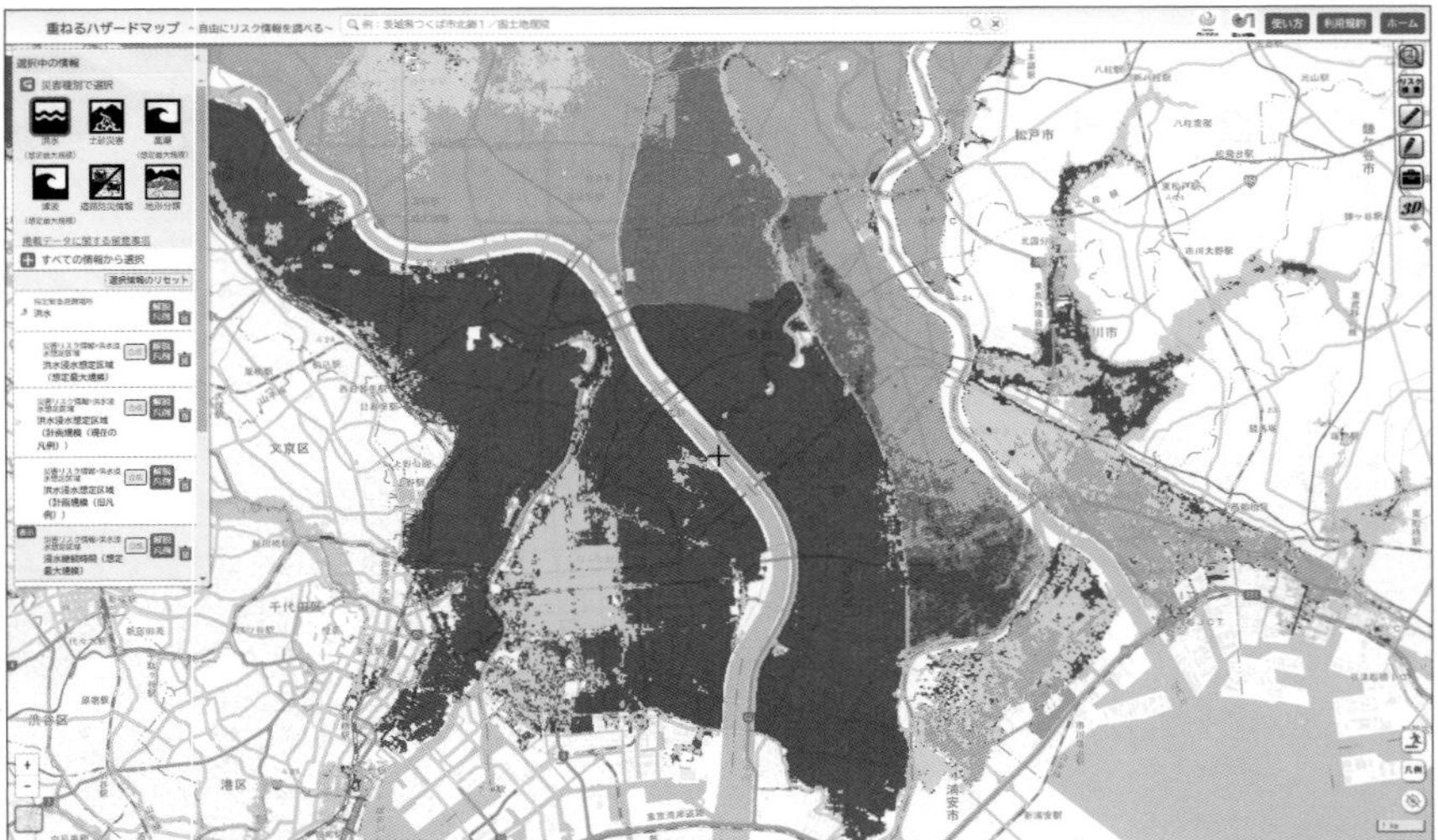

「家屋倒壊等氾濫想定区域」
洪水の水流で「土地・建物」が破壊される区域

「家屋倒壊等氾濫想定区域」は、洪水が発生した際に浸水とは別の理由で、建物が破壊される恐れがある地域を示したものです。種類は「氾濫流《はんらんりゅう》」と「河岸浸食《かがんしんしょく》」の2つがあり、いずれもハザードマップに色で表示されます。この情報も2015年の水防法改正で追加されました。新しい紙の地図の他、重ねるハザードマップでも確認ができます（下の画像）。

家屋倒壊等氾濫想定区域（氾濫流）は、堤防の決壊や越水が生じて、川の水が流れ込んできた状況において、その「水の勢い」で「木造の建物」が倒壊する恐れのあるエリアを示します。このエリア内に木造の自宅がある場合は、浸水の深さの想定が軽微であっても、避難計画が必要となります。

家屋倒壊等氾濫想定区域（河岸浸食）は、洪水による水の流れで、堤防や河川に隣接する土地が「削られて流され」、建物の基礎を支える地盤そのものが流出する、「河岸浸食」の生じる恐れのあるエリアを示します。土地がなくなれば建物は破壊されます。木造だけでなく、マンションなど非木造の頑丈な建物においても、避難計画が必要です。

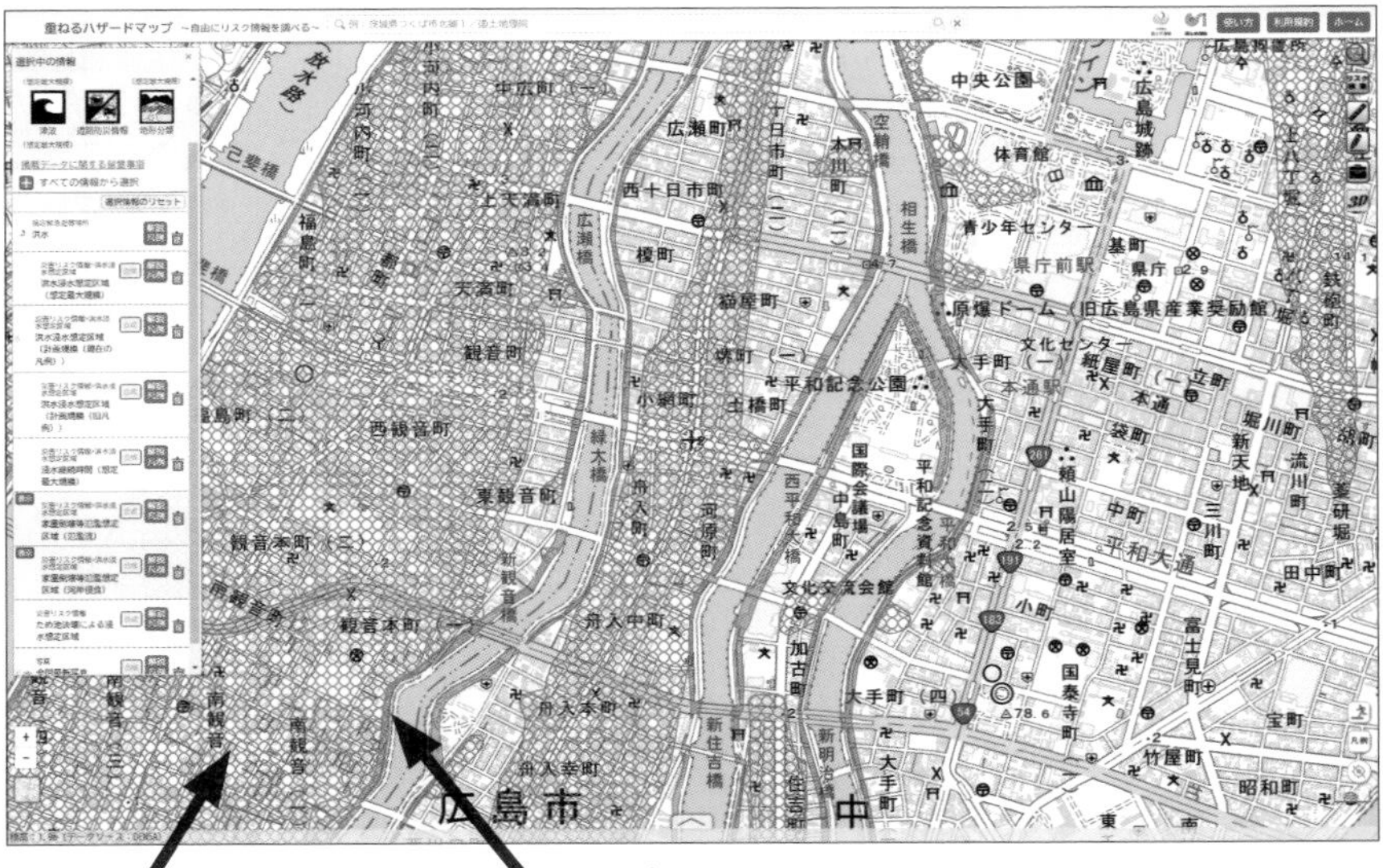

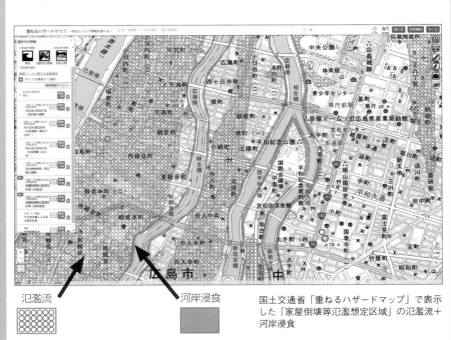

国土交通省「重ねるハザードマップ」で表示した「家屋倒壊等氾濫想定区域」の氾濫流＋河岸浸食

「ため池ハザードマップ」大地震や大雨による農業用ため池の被害

「ため池ハザードマップ」は、農業用水の確保のためなどに造成されているため池が、大地震や大雨の影響で決壊した際に想定される影響の程度を示した地図資料です。

高潮・洪水・内水氾濫ハザードマップなどと異なり、自治体に対して法律（水防法）で作成が義務づけられているものではありませんが、ため池のある多くの自治体でため池ハザードマップが作成されています。

ため池ハザードマップに記載される情報は、自治体によって異なりますが、「想定される浸水深」の他、「水が到達する時間」や「避難場所・避難すべき方向」などが記載されており、事前の避難計画を立てる際の参考資料として活用できます。

なお、「重ねるハザードマップ」にも「洪水」ボタンのオプションに「ため池」の選択肢があり、これを押すことで一部の地域については情報を閲覧できます。しかし、表示される情報は限られるため、自治体が作成した紙の地図を閲覧することをおすすめします。

兵庫県加東市「ため池ハザードマップ」

兵庫県はため池の数が日本一で、県内最大の貯水量を持つ「昭和池」が加東市にある。このハザードマップは他のため池のものだが、決壊時の浸水深、到達時間、避難に関する情報などが記載されており、わかりやすくまとまっている。

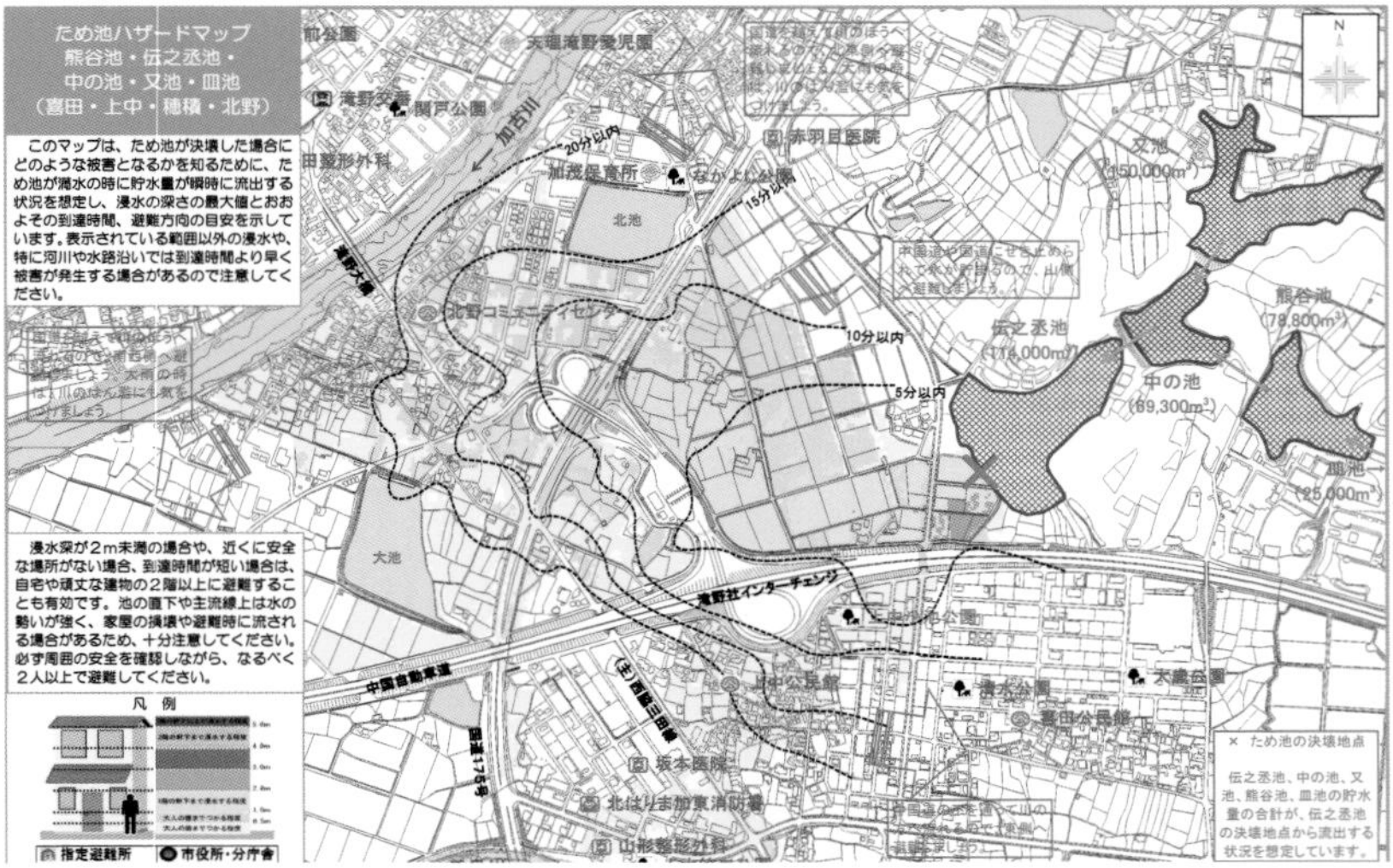

「地理院地図」地形の高低や標高からも危険を確認する

大地震の地盤の項目でも紹介をした「地理院地図」は、地質や地形の情報だけでなく、標高を確認するためにも便利な機能がたくさんあります。

高潮・洪水・内水氾濫、また次ページで解説する土砂災害ハザードマップは、周辺の災害リスクを把握するために重要な資料ですが、「全ての危険」が網羅されているわけではありません。例えば地図に色がついていなかった場合、それは「危険がない」ことを示すのではなく、「まだハザードマップが作成されていない」だけであったり、「想定外」の災害が発生して、ハザードマップの想定を超えた影響が生じたりすることも多くあります。

ハザードマップだけで「ここは安全」と決めるのではなく、自分の目で周囲を観察することも重要です。ハザードマップには載っていないが、用水路などが氾濫したり、周囲より土地が低ければ内水氾濫が生じたり、擁壁が崩れて土砂に飲まれたり、といったケースは多く生じます。浸水の想定には、「地理院地図」で高さを確認するのもおすすめです

地理院地図「標高・土地の凹凸」→「自分で作る色別標高図」

任意の範囲の「色別標高図」を、自分で定めた色・高さの区切りで作成できる。周囲の標高からワンクリックで最適化をすることも可能。1m 単位で色を付けられるため、自宅周辺の地形を確認したり、最寄りの河川との高さを比較したりする際に使える。ハザードマップが作成されていない場合でも、自宅の床の高さが最寄りの川の堤防よりも低い場合は、浸水の可能性ありと認識したほうがよい。

土砂災害ハザードマップ

地震・大雨による「がけ崩れ・土石流・地すべり」

「土砂災害ハザードマップ」は、大雨や大地震を原因とする「急傾斜地の崩壊（がけ崩れ）・土石流・地すべり」が想定される場所を示した、「土砂災害警戒区域（イエローゾーン）」と「土砂災害特別警戒区域（レッドゾーン）」が色塗りで記載されている地図です。

大地震による土砂災害は突発的に発生しますが、大雨による土砂災害も「前兆現象」を伴うことなく、突然発生することがあるため、発生してからの避難が間に合わない可能性があります。自然現象を「避ける」ためには、土砂災害警戒区域・特別警戒区域を避けて住む必要があります。

一方、土砂災害警戒区域・特別警戒区域に自宅がある場合は、大地震の揺れが収まりしだい、また大雨などによる避難指示が発令された段階で「逃げる」ことが重要になります。

土砂災害で死なないために

避ける	がけ崩れ・土石流・地すべりの恐れがある、「土砂災害警戒区域・特別警戒区域」には居住しない。突発発生があるため、できるだけ避けたい。
耐える	がけ崩れや土石流は、鉄筋コンクリートの建物で耐えられる場合があるが、窓からの浸入を防ぐことは難しい。「避ける」と「逃げる」を優先したい。
逃げる	土砂災害は「前兆現象」を伴うとは限らず、また大地震や大雨なしで突発発生することもある。少なくとも避難指示が出た場合は積極的に逃げる。
しのぐ	地域全てが飲み込まれるような土砂災害は稀で、多くの場合は「我が家と周辺」が被害に遭う。避難先の検討や避難所生活の準備をしておく。

日本は土砂災害が多い国で、土砂災害警戒区域が全国に68万か所以上ある。しかし生じる場所は決まっているため、積極的に自然現象を「避ける」準備を徹底したい。

国土交通省「重ねるハザードマップ」

重ねるハザードマップで「土砂災害警戒区域・特別警戒区域」を表示させた状態。がけ崩れ・土石流・地すべりの状況を確認できる。警戒区域に指定予定の区域は、点線で囲まれる。なお、警戒区域は「人命や建築物」に被害が生じる場所に対して指定されるため、崩れそうなガケがあっても、被害の生じない場所については警戒区域にはならない。

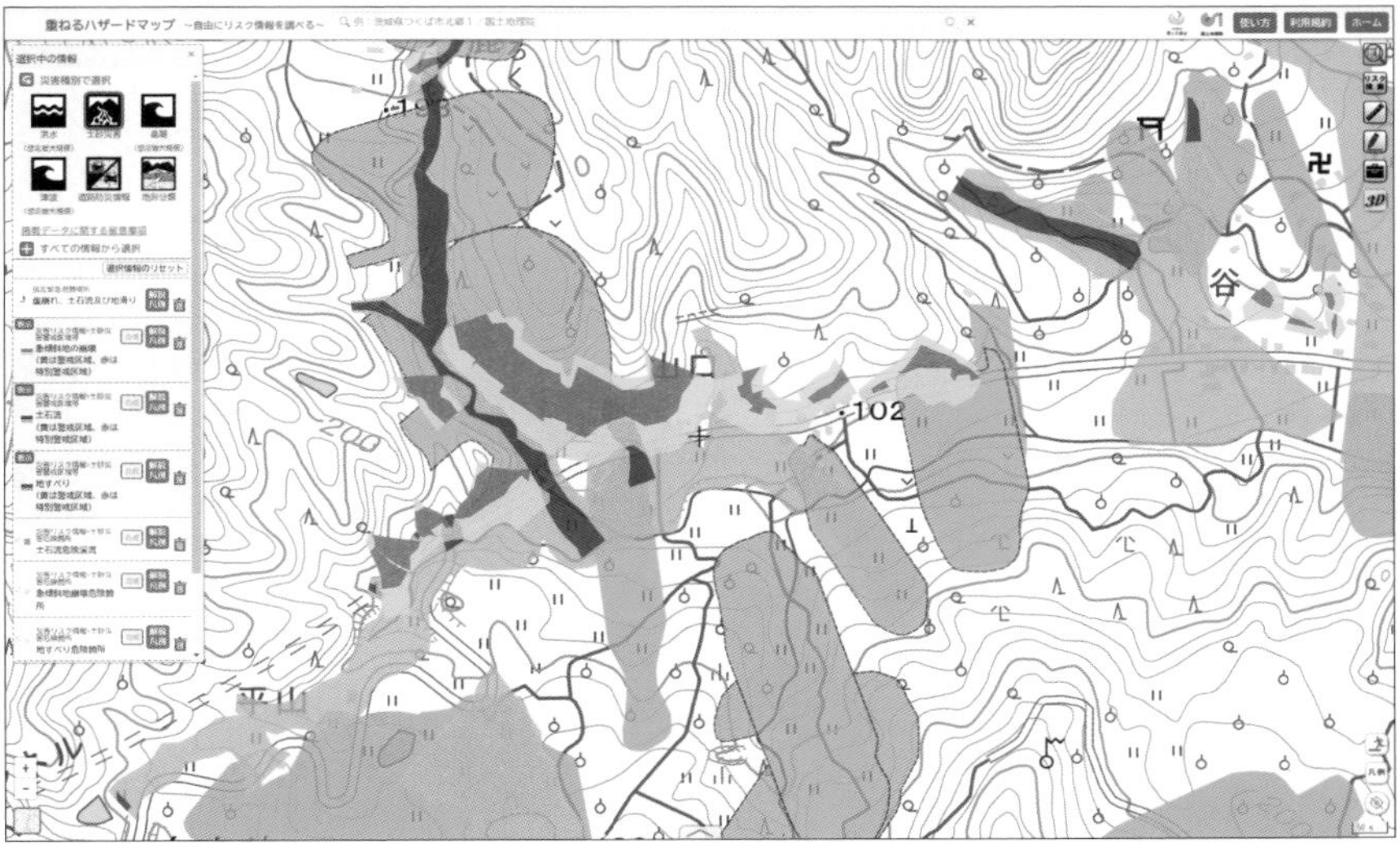

急傾斜地の倒壊（がけ崩れ）
警戒区域の色
特別警戒区域の色

土石流
警戒区域の色
特別警戒区域の色

地すべり
警戒区域の色
特別警戒区域の色

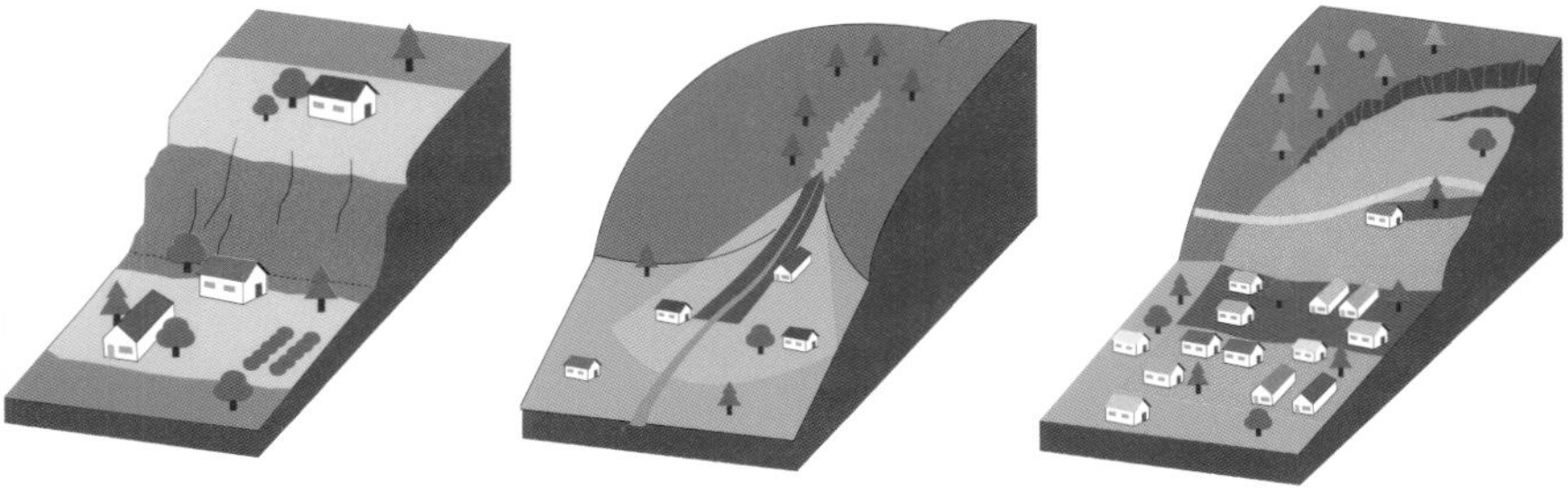

「土砂災害危険箇所」について

重ねるハザードマップや古い自治体の土砂災害ハザードマップには、「土砂災害危険箇所（土石流・地すべり・がけ崩れ）」が掲載されている。これは現在運用されている「土砂災害警戒区域・特別警戒区域」以前に使用されていた色塗りで、今後は更新されない。

感染症パンデミック

科学と経済の発展で生じやすくなった感染症パンデミック

物理的な被害は生じず、「人間」のみに甚大な影響を与える自然現象が「感染症」によるパンデミックです。いつ・どこで・どのような感染症が生じるかはわかりませんが、定期的に発生する自然現象として、大地震や水害と同じレベルで備えるべき対象といえます。

「感染症」とは、ウイルス・細菌・寄生虫などの「微生物」が原因となる病気のことです。同一の感染症が短期間に世界で同時に大流行することを「パンデミック」といいます。身近な感染症としては「かぜ」「食中毒」「水虫」などがありますが、同時に大流行はしませんのでパンデミックとは呼ばれません。感染症は「人間」を介して広がるため、大都市を避けて生活をすると「避ける」ことにつながります。難しい場合は「しのぐ」準備として備蓄品を確保しましょう。

感染症で死なないために

避ける	感染症は「人から人」へ広がる災害であるため、「自分」が存在する限り完全な回避はできないが、大都市を避けることは有効な対策になる。
耐える	物理的な破壊力はないため、特別な対応は不要。自宅に閉じこもることになるため、快適な環境を用意できると望ましい。
逃げる	「人間」の少ない、秘境や山奥が避難先となる。が、そうした場所に別荘などがなければ、基本的には自宅に閉じこもることが避難になる。
しのぐ	被害の大きい感染症パンデミックが生じると、インフラや流通に影響が生じる。最低2週間分以上の防災備蓄品を確保することが望ましい。

ひどい感染症パンデミックは「備蓄品」の量が生死を決めることもある。日常備蓄の手法で平時から物資を確保したい。

「次」のパンデミックは必ず発生する
想定内として感染症パンデミックへの備えが必要

問題①未知との遭遇

科学が進歩して人口が増えると、農地や
居住地を求めて熱帯雨林などが伐採される

**熱帯のジャングルや野生生物の中にいた
微生物が人間界デビュー**

問題②微生物の進化促進

科学が進歩して食料生産が増大すると
その課程で新種のウイルスや細菌が生まれてしまう

**抗生物質による耐性菌の誕生
家畜の密集による新種の誕生**

問題③感染爆発のお手伝い

科学が進歩して人々の往来が高速かつ活発に
行われると、爆発的な速度で感染が広がる

**観光やビジネスによる世界の交流
鉄道や航空機による超高速移動**

環境に影響を与える現象

環境に対して影響を与える低温・高温・光化学スモッグ・PM2・5

感染症のような破壊力は持たないものの、「環境」に対して影響を与える現象も多くあります。場合によっては命にかかわる状況をもたらすこともあるため、「死なない環境」を脅かすリスクとして対応が必要です。

冬の低温や夏の高温は、平時であれば建物と空調設備で対応する現象ですが、例えば冬の災害で屋外避難が必要になった場合は寒さが、夏の災害で停電した避難所生活などをする場合は暑さが命を脅かすリスクとなります。いずれも「避ける」ことが難しい現象であるため、建物対策や防災備蓄が重要になります。

また光化学スモッグやPM2・5、あるいは原発事故による放射能漏れなどが生じた場合は、外出を避けて屋内に退避することが基本です。こちらも建物対策と備蓄が重要です。

環境リスクで死なないために

避ける	低温であれば北国を、PM2.5であれば西日本を避けるなどの方法はあるが、避けるべきエリアが広すぎるため他の対策で対応することが望ましい。
耐える	環境に影響を与えるリスクは、基本的に建物で耐えることが基本となる。停電に備えた空調の代替や、外気を浄化するフィルターなどの準備を行う。
逃げる	環境リスクそのものから「逃げる」ための準備よりも、他の災害からの避難中に、低温・高温などの外気の影響が生じた際の備えが必要。防災グッズで対応する。
しのぐ	各種の影響で停電が生じると、自宅内に留まることが難しくなるため、停電時に備えた冷暖房の代替や、空気清浄機を回す電源の確保などが必要。

環境リスクは単体での備えも必要だが、他の災害からの「屋外避難」に重なることを想定した備えが重要になる。

天文現象・宇宙ハザード

発生確率は低いが影響度の大きい自然現象
太陽フレア・隕石衝突・ガンマ線バースト

自然現象の中でも最大級のものが、宇宙からもたらされる各種の「天文現象」です。SF作品の題材にされがちですが、実際に発生したことがあり、人類に影響を与えた現象も存在します。火山の項目で紹介した「超巨大噴火」の様に、発生頻度が低いため天文現象専用の対策を講じることは難しいのですが、他の防災対策と兼用で備えるとよいでしょう。

発生頻度の高いものとしては「太陽フレア」があげられます。太陽フレアは毎日のように太陽で生じている爆発現象で、規模が大きくなると地球にも影響をもたらします。数十年から数百年に1回の頻度で生じる最大級の太陽フレアは、大規模な停電・通信障害などを引き起こし、インフラに深刻な影響を与える可能性があります。発生を予期することが難しいため、日頃の防災備蓄などで対応することが基本となります。

天文現象で死なないために

避ける	規模の大きな天文現象は、地球規模の影響をもたらすため回避することは難しい。将来的には太陽系内や外宇宙への移住を期待したい。
耐える	規模の大きな天文現象そのものを、建物でガードすることは難しい。インフラの停止などに備えた、建物対策を他の防災対策と兼用で準備を行う。
逃げる	規模の大きな天文現象に対する、具体的な避難計画は存在しない。他の防災対策と兼用で準備を行う。
しのぐ	「人類滅亡」クラスの災害への備えは難しいが、大規模な太陽フレアによる停電に対しては、他の災害用に備えた防災備蓄品で対応する。

天文現象に対する1対1の防災は難しいため、他の災害への備えを行うことで、間接的に対応するのが望ましい。

事故・戦争・人災

自然現象に匹敵する「人災」大規模なインフラ事故・テロ・戦争

「死なない環境」を作るために把握すべきリスクは、自然現象に限られません。大地震の項目でも述べた原発事故をはじめ、突発的に生じる大規模な延焼火災、大規模なガス爆発などの事故、ガソリンや爆発物を用いたテロ、核戦争を含む国家間の紛争など、自然現象に匹敵する被害をもたらす「人災」が様々に存在します。

これらの人災を「避ける」ためには、原因となりそうな施設や地域を避けて土地を選ぶことが重要です。例えば原子力発電所、政府や軍関係の施設、また大都市圏などを回避することで、ある程度のリスクを回避できます。しかし究極的には、「人の営みあるところ、人災あり」となりますので、全てのリスクを避けようとするのではなく、他の防災対策の延長により、総合的な備えを行うことが重要となります。

人災で死なないために

避ける	原発や政府・軍施設付近には居住しない、大都市圏を避けるなど。完全な回避は難しいが、少しでもリスクを減らすようにする。
耐える	空爆や核兵器などの影響を避けるためには、地下シェルターなどが必要。現実的には難しいため地震対策の延長で対応する。
逃げる	人災に対する事前の避難計画はほぼ存在しない。発災時にすぐ行動がとれるように、他の災害対策と兼用で荷物などをまとめておく。
しのぐ	大規模な有事が生じた際には、海外からの輸入が停止されることによる食料・エネルギー危機が想定される。日頃からの備蓄を行う。

事故・戦争・人災専用の防災は難しいため、他の災害への備えを行うことで、間接的に対応するのが望ましい。

「原子力発電所事故」は、事故の「可能性」ではなく「存在」に対して備える

2011年に発生した東日本大震災は、地震の揺れや津波だけでなく、原子力発電所の事故により大きな影響をもたらしました。原子力に関する事故は、国際原子力機関（IAEA）によりレベル分けされていますが、その中でも最悪な「レベル7」の事故は過去に2例しかありません。ひとつは1986年に旧ソ連で発生した「チェルノブイリ原子力発電所事故」で、もうひとつが2011年の「福島第一原子力発電所事故」です。世界に2例しかない最悪の原発事故が、世界唯一の被爆国である日本で生じているのは皮肉なことです。

原発事故を家庭の防災における災害リスクと捉えた場合、これを「避ける」ためには原発の近くに住まないという方法をとることになります。国際基準では、原発の周囲30㎞圏内を「緊急防護措置を準備する区域」、通称UPZに指定していますので、この距離が居住地の目安となります。福島第一原子力発電所事故が生じるまで、日本では「原発事故は起こりえない」とされていましたが、「そこに原因があれば、事故は起こりうる」と考えることも重要です。

column

18歳に対する「ハザードマップ」教育が重要

災害を「避ける」ために必要となる、究極の防災対策である「引っ越し」。効果は高い方法ですが、誰もが引っ越しを行える訳ではありません。「あとローンの返済が30年あってね……」という方に、その土地は危険だから引っ越したほうがいいよ、とは言いづらいのが現実です。引っ越しという防災対策は、タイミングが重要なのです。

そこで重要なことは、「18歳」に対するハザードマップ教育を徹底することです。18歳は多くの場合、高校を卒業する年齢ですが、就職するにせよ、進学するにせよ、引っ越しを伴う新生活を迎える可能性が高いタイミングとなります。人生において貴重な、この引っ越しチャンスを活用するためには、「ハザードマップで、沈んだり・崩れたり・燃えたりしない場所を選ぶ」ことが重要です。あなたが18歳である場合、あるいは18歳を迎える方が近くにいる場合、ぜひハザードマップを活用した家選びを行ってください。避難指示のたびに逃げる生活はもうやめましょう。

第3章

災害を「耐える」

建物と室内の安全対策

災害の直撃により自宅で即死しない準備

就寝時に大地震などで停電が生じると、身動きがとれなくなります。寝室を脱出するための道具、ライト・笛・スリッパ・軍手などを、枕元に固定すると安心です。100円ショップでそろいます。

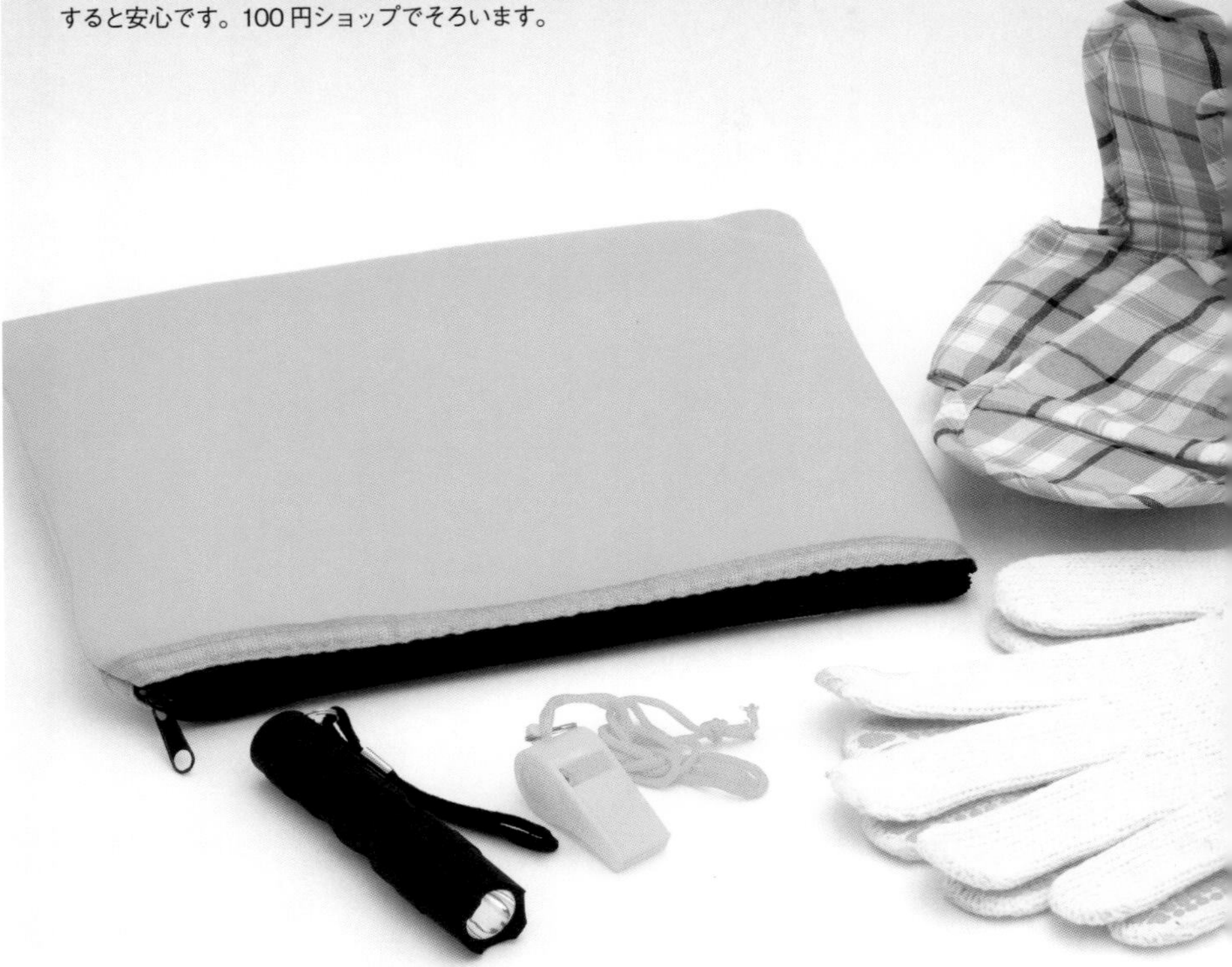

第3章では、災害を「耐える」方法についてお話をします。地震国・日本では北海道から沖縄までいつでもどこにでも巨大地震が生じます。「生まれてこのかた、この土地では大地震なんて起きたことがない」……運がよかっただけです。

大地震は恐ろしい災害ですが、自然現象としてはただ揺れるだけです。建物と室内の対策を万全にすれば、個人の対策でも被害をなくすことができます。机に潜った子どもが、建物倒壊で机ごと潰されないよう、地震対策を行いましょう。

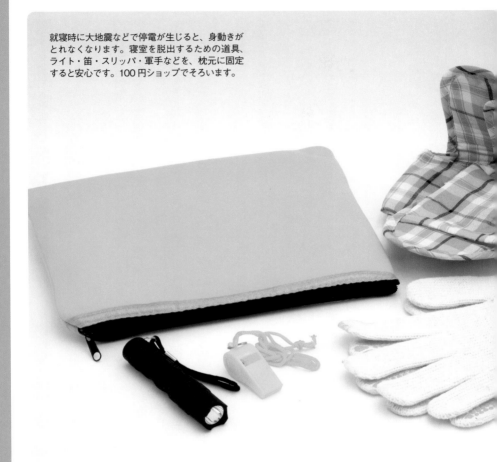

災害を「耐える」

大地震や暴風で被害を受けない住宅に住み室内の安全と環境を保つ事前対策を行う

「死なない環境」を守るための2つ目の方法は、自然現象の直撃により自宅で即死しない準備を行うことです。大地震や暴風、また広い範囲で生じる大雪など、日本中どこにでも生じる自然現象は「避ける」ことができないため、正面から受け止めて耐える準備が必要となります。

災害を「耐える」ためには、自然現象に負けない建物に住み、室内の安全対策を徹底することが重要です。大地震・暴風・大雪などが発生しても、建物で耐えることができれば、これらの現象は我が家にとっての災害にはなりません。自然現象を災害にしないための、物理的な準備が「耐える」対策になります。さらに「空気」や「温度」など環境を維持するためにも家が必須ですし、命を守った後の被災生活にも家の有無は大きな影響をもたらします。

「大地震で建物を倒壊させない」準備災害を「耐える」基本にして最要事項

「家」は大地震に対して天国にも地獄にもなる場所です。家が無事であれば避難所へ行く必要はなく、室内にある物も全て活用できます。住宅は、我が家専用の防災倉庫であるといえるのです。しかし、建物が倒壊すれば、家は命を奪う直接的な危険になりますし、つぶれた家は「薪の束」となり火災を広げ、「バリケード」となり緊急車両の通行を阻害《そがい》します。

自分と家族の命を守るために、また地域の安全を確保するためにも、大地震で家を潰さない準備が重要です。大地震の直撃を受けても倒壊しない家に住めば、他に何もしていなくとも、最重要な地震対策はもう終わっているといえるのです。逆に、耐震性の低い建物に住んでいる場合、地震の揺れの後に備えた準備は、全て無駄になる恐れがあります。地震対策の大前提として、まずは家を潰さない準備を行いましょう。

「死なない環境」作り②

災害を耐える

大地震などの直撃で即死しない環境を作る
建物と室内の安全対策を事前に徹底する

「即死」に近いリスクから対応

①建物対策

- 自宅が「旧耐震基準」の場合は引っ越し・建て替えを検討
- 住宅購入時は建築基準法 2000 年基準の家を選ぶ
- 「耐震等級 3」「耐風等級 2」を選択できればなお良い
- 窓ガラスなどを割らない対策と飛散させない準備

②室内対策

- 家具や家電による「転倒・移動・衝突・落下」を防ぐ
- 住宅火災への備え、停電時の明かりの確保を行う
- 室内の「空気」と「温度」を維持するための対策
- 普段氷点下にならない地域での「水道管凍結」対策

③緊急対応への備え

- 救助活用に備えたバール・ジャッキ・ノコギリの準備
- トリアージが生じる状況に備えた応急手当の用意
- 自宅付近にある AED の設置場所の把握

建物の地震対策（新築・引っ越し時）

「建築基準法」に準拠している建物は 大地震以外の自然現象に対しても有効な作り

日本国内で、住宅をはじめとする各種の建築物を建てる際には、必ず自治体に「建築確認申請」を行い、法律に違反した建物になっていないかの認定を受ける必要があります。この時、地震に対する頑丈さは「建築基準法」という法律に定められている「耐震基準」に基づいてチェックされます。この基準をクリアしている建物は、設計の偽装や手抜き工事が行われない限り、大地震の直撃にも耐えられる作りになっているのです。

さらに暴風や大雪に対する頑丈さも、地震と同じく建築基準法に基準が定められています。暴風に対しては、建物および、窓ガラスや雨どいなどの設備について、頑丈さが定められています。また大雪による積雪に対しても、やはり建築基準法で一定の頑丈さが定められています。

最低でも「1981年6月1日」以降 できれば「2000年6月1日」以降を選ぶ

1950年に制定された建築基準法は、永遠不変なものではなく、繰り返し改正されています。そのため、自宅が「いつの基準」で建てられているのかによって、どの程度の「大地震の揺れ・暴風・大雪」に耐えられるのかが決まります。

まず、大地震の揺れに対する頑丈さが大幅に向上した「1981年6月1日」の改正が重要です。この日付より古い基準の建物は「旧耐震基準」、新しい基準の建物は「新耐震基準」と呼ばれ、旧耐震基準の建物は震度6強以上の強い揺れの直撃で、倒壊する恐れがあるため、建て替えや耐震リフォームが必須となるためです。さらに、木造住宅の耐震性や、暴風・大雪に関する基準が大きく改正された「2000年6月1日」の改正も重要になります。できれば、これ以降に建築確認申請を受けた家に住むことをおすすめします。

建築基準法の改正について

大地震の揺れに対する基準	暴風に対する基準	積雪に対する基準

1950年・建築基準法施行

旧耐震基準　要引っ越し・建て替え・リフォーム

震度6弱以上の揺れで倒壊の恐れ

※震度「5」の地震で倒壊しない
※震度「6」以上の揺れには規定なし

暴風： 全国一律の基準と地域ごとの係数を使って計算する

積雪： 地域の積雪量の実態に合わせて自治体（行政庁）が定めた積雪量を使って計算する

1981年6月1日の改正

新耐震基準

震度6強にも耐えられるが、揺れが「複数回」続くと耐えられない場合も

※震度「5強」で軽微な損傷以下
※震度「6強」以上の揺れで倒壊しない

「火山灰」の重みに対する基準は存在しないため、「積雪」への「頑丈さ」を火山灰対策へも使用する

※木造住宅の場合は、屋根に「火山灰30cm＋降雨」が生じると倒壊の恐れが出る

2000年6月1日の改正

できれば2000年の基準の家に住むことを推奨

新耐震2000年基準

1981年の基準に加えて「木造住宅」の耐震性がさらに向上

暴風： 地域と ※市町村別の基準 周辺の建物の ※海岸・田園・住宅地・ビル街など 掛け合わせで計算する

積雪： 地域の積雪量の実態に合わせて国が定めた積雪量を使って計算する

「日付」に関する注意

「1981年6月1日」と「2000年6月1日」は、「築年月日」ではなく「建築確認申請」が受理された「建築確認日」です。戸建ての場合は建築確認日から半年～1年ほど先に完成、マンション等の場合は数年後に完成するため、築年月日が1981年・2000年に近い場合は、「確認通知書」を見て建築確認日を見分けることが重要です。

「住宅性能表示」制度を活用して新築・既築住宅の「頑丈さ」を把握する

大地震の揺れ・暴風・積雪に「耐える」建物選びの基準として、建築基準法の「建築確認日」が2000年6月1日以降の建物を選ぶことを推奨します、というお話をしました。しかし、建物の性能は自然現象に対する頑丈さだけでは決まらず、火災に対する安全性や防犯に対する能力、また空気や温度の環境を考慮することも重要ですし、音・採光・バリアフリーなど住みやすさに関する配慮も必要です。このような、建物の「性能」に関する情報を、専門知識のない一般人でも把握できるようにしたものが「住宅性能表示」制度です。

住宅性能表示制度は、2000年4月1日にスタートした法律に基づく国の制度で、戸建・マンションの両方の住宅に対し、新築の場合は最大10分野について、新築時にこの制度を使わなかった既存住宅の場合は最大6分野について、住宅性能を確認することができます。この制度の適用は義務ではなく任意ですが、自分が建てたり購入しようとしたりする住宅の性能を、第三者機関による評価として受けられるため、ぜひ活用をいただきたい制度であるといえます。

「耐震等級3」「耐風等級2」を選ぶことができれば、安全度はかなり高い

住宅表示性能における自然現象への評価は、耐震等級・耐風等級・耐積雪等級で示されます。2000年の建築基準法と同じ基準を満たしていると、いずれも等級「1」と示され、大地震の場合はこの基準より1・25倍頑丈になると等級「2」に、1・5倍頑丈になると等級「3」となります。耐風・耐積雪の場合は法律の基準よりも1・2倍頑丈になると等級「2」が示されます。なお、耐積雪等級は「多雪区域」でのみ使われる項目となりますので、あまり雪が降らない地域では「耐震等級」と「耐風等級」を確認します。

これから家を建てる・買う機会がある場合は、ぜひ耐震等級3・耐風等級2の建物を選ぶか、次点として住宅メーカー独自の「耐震等級3相当」などの建物を選んでください。建築基準法による耐震基準は、2016年の熊本地震のような強い揺れの「連続発生」は想定しておらず、建物が持たない恐れがあります。また台風についても従来の想定を超える暴風をもたらすものが増える可能性が指摘されています。住宅購入は一生に一度、できるだけ頑丈にすることを推奨します。

住宅購入時・引っ越し時における注意点

「旧耐震基準」の家（～1981年5月31日）

新規に選ぶのはNG

大地震の直撃で「即死」する恐れ

理由があっても選んではいけない住宅です

「新耐震基準」の家（1981年6月1日～）

大地震の後に屋外へ避難する準備をしておく

大地震による即死は避けられる可能性が高いが
強い揺れが連続すると、建物が倒壊する恐れがある

「2000年基準」の家（2000年6月1日～）

出来ればこの家を選択

「住宅性能表示」を併用し、「耐震等級3」「耐風等級2」を選択する

“想定の範囲内”の自然現象には耐えられるが、
より大きな地震・暴風・積雪に見舞われた場合は
被害が出る恐れも
できれば「耐震等級3・耐風等級2」、
多雪地帯では「耐積雪等級2」の建物を選択することで、
長期にわたり自宅を維持できる可能性が高まる

※耐震等級3を取得すると「地震保険」の保険料が50%引きとなります

上記に加えて［地盤］を確認する

地盤を確認し「液状化」や「不同沈下」が生じないように対策

住宅表示性能制度では、地盤に関する「情報提供」はなされますが、
地盤の善し悪しを保証する項目はありません。建物が無事でも液状化などが
発生し、建物の不同沈下が生じると生活ができなくなるため、事前に
地盤調査などを行い、必要な対策を講じておくことも重要です。

建物に対する各種の地震対策「免震」「制震」「耐震」について

建物に対する地震対策の方法には、建築基準法の耐震基準で定められている「耐震」の他に、より被害を軽減できる方法として「免震」や「制震」などの種類もあります。

「免震」は揺れを伝えない手法です。高額で設置条件も限られますが高い効果が得られます。基礎と建物の間に、積層ゴムなどによる免震装置を挟み込み、大地震の揺れを建物に伝えづらくします。建物および室内の揺れそのものが小さくなるため、家具や家電の転倒防止効果なども得られます。

「制震」は揺れを吸収する手法です。やや高額ですが、設置条件が緩く効果も高い方法です。建物内に組み込んだダンパー（制震装置）が、地震の揺れを吸収することで建物全体の揺れを小さくします。免震と異なり、台風などによる暴風の揺れを軽減する効果を得ることもできます。

「耐震」は揺れに耐える手法です。違法建築ではない建物は、基本的に全て「耐震」建物となります。地震で揺れても建物が倒壊しない作りとなりますが、当然ながら激しく揺れますので、厳重な室内対策が必要となります。

建物に対する地震対策の種類

免震
揺れを伝えない

高額で設置条件も限られるが、「揺れ」そのものを減らせる貴重な方法。室内の安全対策にも効果が高い。

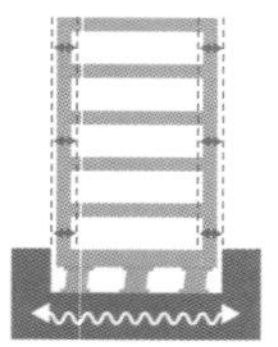

免震建築

制震
揺れを吸収する

免震より安価で、耐震より効果の高い方法。揺れを小さくする効果を得られるが、家具の固定などは必須。

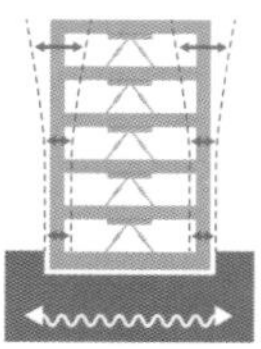

制震建築

耐震
揺れに耐える

日本の建物は、全て「耐震」構造になる。耐震等級「3」が望ましいが、揺れは激しいため室内対策は必須。

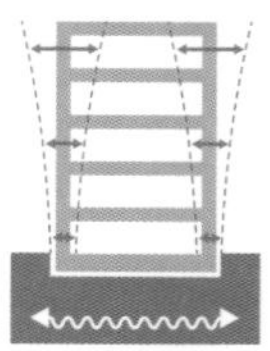

耐震建築

イラスト：metamorworks / PIXTA

メーカー独自の地震対策方法や建物による水害対策について

　地震対策の方法は住宅メーカーやマンションのデベロッパーも様々な研究開発を行っており、独自の優れた手法が多くあります。自分が建てたい・住みたいと思っている建物について、どのような対策が行われているのかを、ぜひ確認してみてください。

　また、大地震だけでなく浸水害などの自然現象に対しても、建物で「耐える」方法があります。例えば建物の基礎を高くしたり、一階部分を駐車場などにしたりすることで浸水をまぬがれる方法。建物の基礎部分の空間をなくして、床下浸水を物理的になくす方法。基礎の通風口や建物周囲の壁に止水版などを取り付けて、水の浸入を防ぐ方法など、様々です。

　浸水深が2階に達するような水害を、建物で防ぐことはなかなか難しいですが、1階が床上浸水になる程度の浸水深であれば、あらかじめ対策を講じることで建物を守ることができるようになります。水害の発生頻度は増加しています。ハザードマップなどを確認し、最大でどの程度の浸水が見込まれるかを把握した上で、対策を講じるようにしましょう。

column

積乱雲による「ゲリラ豪雨・ひょう・雷・竜巻」には家と火災保険で「耐える」

　夏の夕方に訪れ涼をもたらしてくれる「夕立」は、過去の存在になりつつあります。近年、地球温暖化に伴う「局地的豪雨」は増加＆甚大化の傾向にあり、美しい「夕立」は、「ゲリラ豪雨」という恐ろしい言葉に代わられるようになりました。

　ゲリラ豪雨をもたらすのは、発達した「積乱雲」です。大雨と同時に、ひょう・落雷・竜巻などももたらします。積乱雲による突発的な現象から身を守る、最も効果的な方法は「建物に入る」ことです。地震・暴風・積雪に負けない家は、こうした局地的風水害からも命を守ってくれるのです。

　ただし、命を守ることができても、竜巻で建物が大破した、落雷で火災が生じた、ひょう害で屋根が破壊されたなど、建物に対する物理的影響への備えは難しいものがあります。命を守った後の復旧には、火災保険を活用しましょう。なお、暴風・ひょう・浸水などによる被害は、標準の補償には入っておらず、「水災オプション」になっている場合もあるため、できるだけ広い範囲の影響をカバーできるように、補償内容を確認しましょう。

建物の地震対策（居住中の家）

旧耐震基準・なんとなく不安な建物は「耐震診断」を受けて耐震性を確認する

現在居住している建物が「旧耐震基準」である場合、あるいは「新耐震基準」だが築年数が古く、繰り返しの揺れに対する不安がある場合などは、工務店や専門会社へ依頼して「耐震診断」を受け、地震に建物が耐えられるかを確認します。

問題がなければ室内対策を行いますが、倒壊の恐れがあると診断された場合は、引っ越しをするか、耐震リフォームを行う必要があります。家まるごとの耐震化が難しい場合は、一部屋だけ耐震リフォームを行うという方法もあります。

旧耐震基準の建物を頑丈にすることは、地域全体の安全性を高めることにもつながるため、自治体なども支援を行っています。自分が住む街に関して「○○市 耐震診断」などのキーワードで検索を行い、耐震診断のサポートや耐震化改修の補助金（助成金）などがないかを確認してみましょう。

建物倒壊を覚悟して行う費用を抑えた地震対策

大地震に対して建物を潰さない準備は重要ですが、先立つもの……お金がなければどうにもできないのも現実です。この場合は、ある程度のリスクを承知した上で、建物が被害を受けることを前提とした対策をとることも考えられます。

■**2階で寝起き**…旧耐震基準の2階建て住宅やアパートは、大地震に見舞われた際に1階部分だけが潰れることがあります。普段から2階で生活をすることで、助かる可能性をあげられます。余震に対する緊急対応としても有効です。

■**シェルターベッドを導入**…人間が無防備になる「寝ている時間」の安全を確保する設備がシェルターベッドです。頑丈なフレームに囲まれたベッドを設置することで、建物が倒壊してもベッド空間だけは残るという方法をとることができます。耐震ベッド導入に補助金を出す自治体もあります。

すでに家がある場合の耐震対策
自宅・実家が旧耐震基準の場合

①耐震診断を受けて耐震性をチェック

耐震性 OK

室内の安全対策を
優先的に実施

耐震性 NG

引っ越し・リフォームを
強く推奨

②引っ越しもリフォームもできない場合の対策

木造住宅の倒壊に耐えられる
各種のシェルターを室内に設置する方法もある

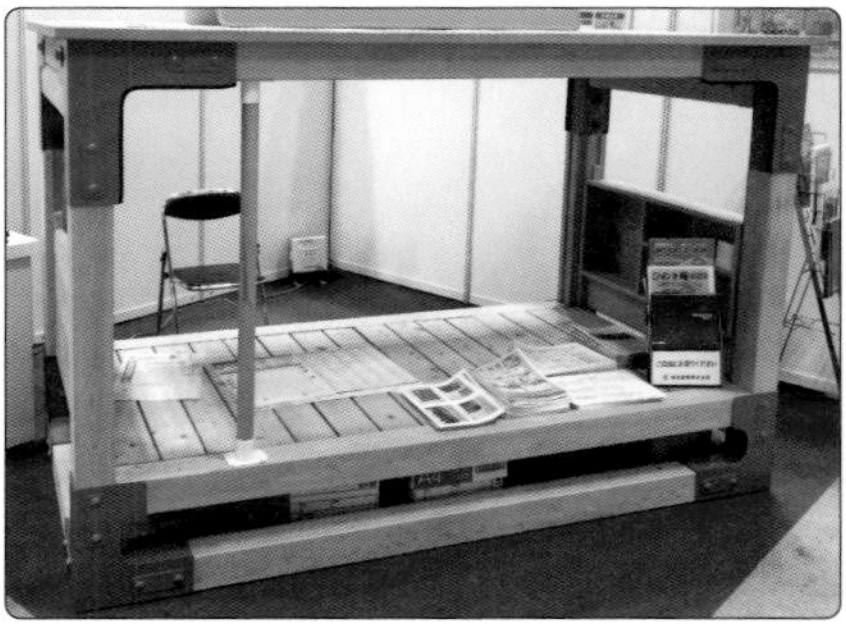

就寝時の安全だけでも必ず確保するベッドタイプのシェルター

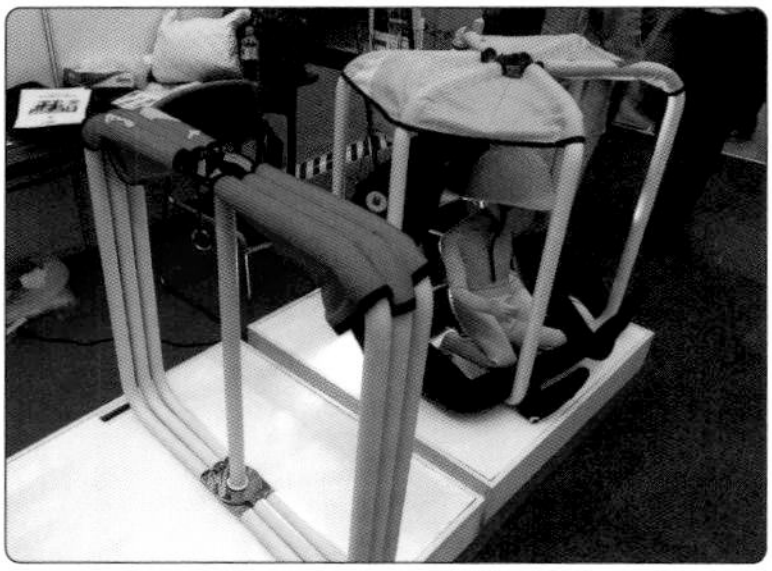

素早く展開できる
折りたたみ式シェルター

建物の窓ガラス対策

「暴風や大地震から窓ガラスを守る」準備
割れない対策と割れても飛散させない対策

住宅の窓ガラスに影響を与える自然現象としては、台風や地震があげられます。台風の場合、風圧で窓ガラスが砕けることは稀で、多くの場合は「飛来物」が窓を破壊します。大地震の場合も、「新耐震基準」以降の建物であれば、窓が歪んでガラスが割れることよりも、地震で転倒した家具や落下した荷物が窓ガラスを割ることが多いです。また火山の噴火による衝撃波「空振《くうしん》」でも窓ガラスが割れることがあるため、火山の至近に住む場合は注意が必要です。

これらの現象から窓ガラスを守る方法はふたつ、「割らない対策」と、「割れても飛散させない」対策です。暴風に対しては雨戸やシャッターが有効ですが、大地震は突発的に生じるため事前に「雨戸を閉める」ことができません。そのため飛散防止フィルムなどを窓ガラスに貼る対策を併用します。

窓ガラスを守る

割らない対策✕飛散の防止

屋外の片付け

雨戸・シャッターを閉める
雨戸を閉めればまず大丈夫、なければリフォームを推奨

窓に板などを当てて固定
緊急対策が必須ならこれだが、超手間がかかる

飛散防止フィルム
大地震対策にも有効、合わせガラスにしてもOK

窓の内側にテープ
やらないよりはマシだが、効果があるとはいえない……

&
カーテン
or
ブラインド

「雨戸」「シャッター」「片付け」窓ガラスを「割らない」対策

窓ガラスを「割らない」ための対策はふたつあります。ひとつは窓を割る原因を取り除くこと、もうひとつは窓ガラスを物理的に保護することです。

災害で窓ガラスが割れる原因の多くは、暴風や地震の揺れといった自然現象による直接的なものではなく、飛来物や転倒物など、間接的に物がぶつかることです。台風のたびに「屋外の片付けをしましょう」と注意喚起されますが、これは飛来物の原因となるものを取り除く、極めて有効な方法といえます。同様に、大地震で転倒しそうなものや落下しそうなものを、窓ガラスにぶつかる場所に置かないことも重要です。

もうひとつの対策は窓を直接保護すること。最も簡単な方法は雨戸やシャッターを閉めることです。物理的な安全だけでなく、心理的にも強い安心感を得られます。設備がない場合は、リフォームで設置することをおすすめします。応急的に対策をしたい場合は、窓に板などを当てて固定する方法もありますが、台風のたびに実施するのは大変ですので、最初から雨戸やシャッターを取り付けるのが現実的です。

窓ガラスを割らない対策

屋外の片付け

暴風による飛来物から窓ガラスを保護する方法。実は最も効果的なので台風前には必ず実施。

雨戸・シャッター

屋外からの物理的な被害をほとんどなくせる。窓ガラスの守護神。リフォーム後付けも可能。

板を打ち付ける

最初から板をはめられる設備があればよい方法。台風の前日に設置することはほぼ不可能。

「飛散防止フィルム」「カーテン・ブラインド」窓ガラスを「割れても飛散させない」対策

窓ガラスを「割らない」対策は重要ですが、あらゆる対策を講じても割れるときは割れます。また、雨戸やシャッターは「外側」からの飛来物を防ぐことはできますが、内側から物や人がぶつかる状況には対応できません。そのため、割れない対策を行いつつ、同時に「割れても飛散しない」対策を行うことが重要です。

飛散防止対策で有効なのは、「飛散防止フィルム」を窓の内側に貼ることです。適切なフィルムを貼った窓ガラスは、ガラスが割れたとしても飛び散りにくくなるので安全性が高まります。飛散防災フィルムは、自分でDIYにより貼り付けられますが、「窓ガラスのサイズにフィルムを切る」ことが大変です。ネット通販などには「フィルムのオーダーカット」販売をしてくれる店舗がありますので、窓ガラスのサイズにカットされたフィルムを買うのがおすすめです。

飛散防止を簡易に行う場合は、カーテンやブラインドを閉めるという方法もあります。窓ガラスが割れたとしても、激しく飛び散ることを抑制する効果が得られます。

ガラスが割れても飛散させない対策

飛散防止フィルム

効果の高い方法ですがガラスの種類により貼れるフィルムが異なるため、調べてから設置します。

カーテン・ブラインド

今すぐできる最低限の方法として有効です。寝る時にカーテンを閉めるだけで効果あり。

テープを貼る

台風直前対策!!として紹介される方法です。やらないよりマシですが効果があるとはいえません。

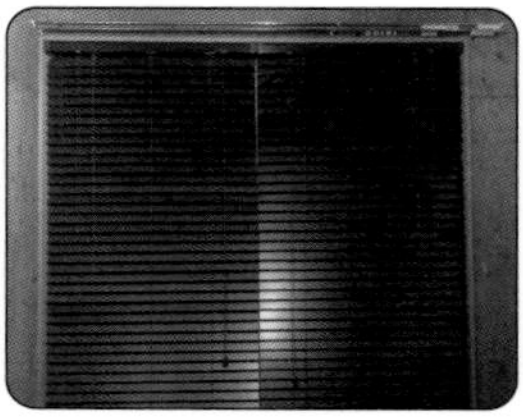

「防災安全合わせガラス」割れにくく、割れても飛び散らない窓

窓ガラスを「割らない」あるいは「割れても飛散させない」対策を、窓ガラスそのもので行うこともできます。「防災安全合わせガラス」と呼ばれるガラスを使用する方法です。

防災安全合わせガラスは、2枚のガラスの間に、合成樹脂の中間膜を挟んで、熱と圧力で圧着した「合わせガラス」です。いわば、飛散防止フィルムを外側ではなくガラスの間に挟んだ構造で、割れにくく、割れても破片が飛び散りにくい構造になっています。自動車のフロントガラスとしても使われている、安全性の高いガラスです。

防災安全合わせガラスは、国内の板ガラスの9割を出荷している、AGC・日本板硝子・セントラル硝子の3社で構成する「板硝子協会」による普及啓発ブランドで、一般の住宅の他、学校や公共施設などに普及が進められている安全性に優れる建材です。住宅の新築やリフォームを行う際に、ぜひ検討をいただきたい選択肢となります。

ちなみに防災安全合わせガラスという名称は協会による共通呼称で、各メーカーの製品名は個別に存在します。

合わせガラス	複層ガラス	合わせ複層ガラス
とても頑丈 断熱性は普通	丈夫さは普通 断熱性は高い	とても頑丈 断熱性も高い
「防災安全合わせガラス」 防災・防犯に高い効果	「エコガラス」と呼ばれる 断熱・遮熱重視のガラス	両方のガラスの合わせ技で 平時にも非常時にも◎

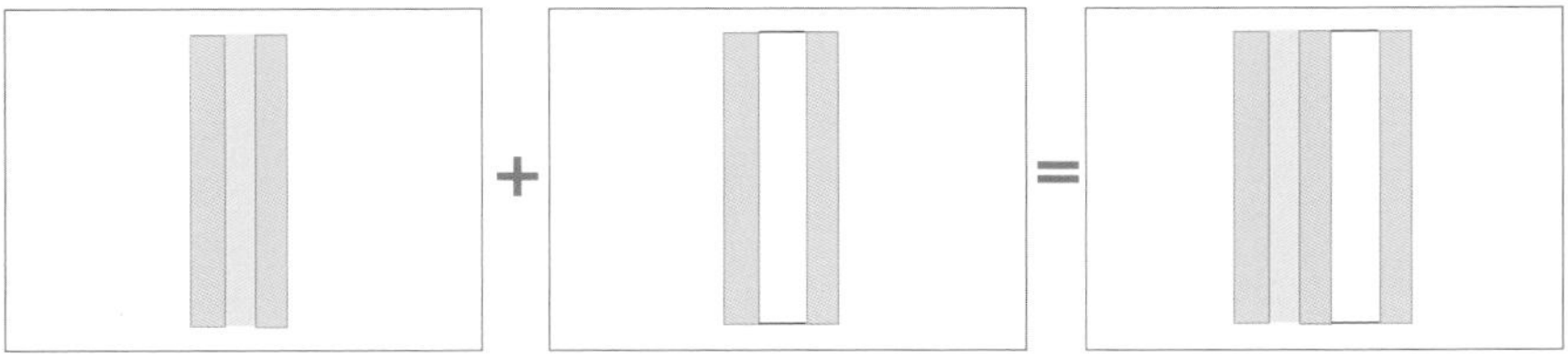

ガラスとガラスの間に合成樹脂 ＋ ガラスとガラスの間に空気層 ＝ 合わせガラスとガラスの間に空気層

室内の地震対策

家具や家電による被害 転倒・移動・衝突・落下・飛散を防ぐ

大地震の揺れという「自然現象」が「自然災害」になる理由のひとつが、「室内の物」による物理的な影響です。家具の転倒、家電の移動、キャスター付き器具の衝突、荷物の落下などが生じると、自然現象は災害へ進化します。

家具や家電の転倒や落下に巻き込まれると、負傷したり最悪の場合は命を落とします。押しつぶされたり、ぶつかったりという物理的な影響。ドアが開かなくなったり通路を塞いだりして、津波・火災・土砂災害からの避難が遅れて命を落とすという事例などは、多くの震災で発生しています。

さらに、家具や家電の衝突で窓ガラスが飛散するなどの二次被害が生じることもありますし、室内がメチャクチャな状態になると、自宅で被災生活を送る「在宅避難」も難しくなるなど、「死なない環境」を維持できなくなってしまうのです。

まずは家具の「置き方」に気を配る 「固定」は重要だが最後の手段と考える

室内の安全対策としては「突っ張り棒」などを使用した家具固定をイメージしがちですが、そもそもでいえば、転倒するような家具を室内に置かないことが一番です。新築の建物であれば、家具を全て作り付けにする、ウォークスルー収納を活用するなどが考えられます。

とはいえ、家具はもちろん家電などを全く設置しないことは難しいでしょう。次に考えるべきは、転倒・移動・衝突・落下などが生じても、人に直撃をしたり、避難経路を塞いだりするような場所に物を置かないことです。特に布団や窓ガラスに直撃をする場所は避けるようにしてください。

しかし、日本の住宅事情を考えれば、全ての家具や家電を「いい感じ」に配置するのはなかなかに困難です。そのため現実的な方針として「固定」を行うことになります。

各種の耐震固定器具を活用して室内の安全を確保する

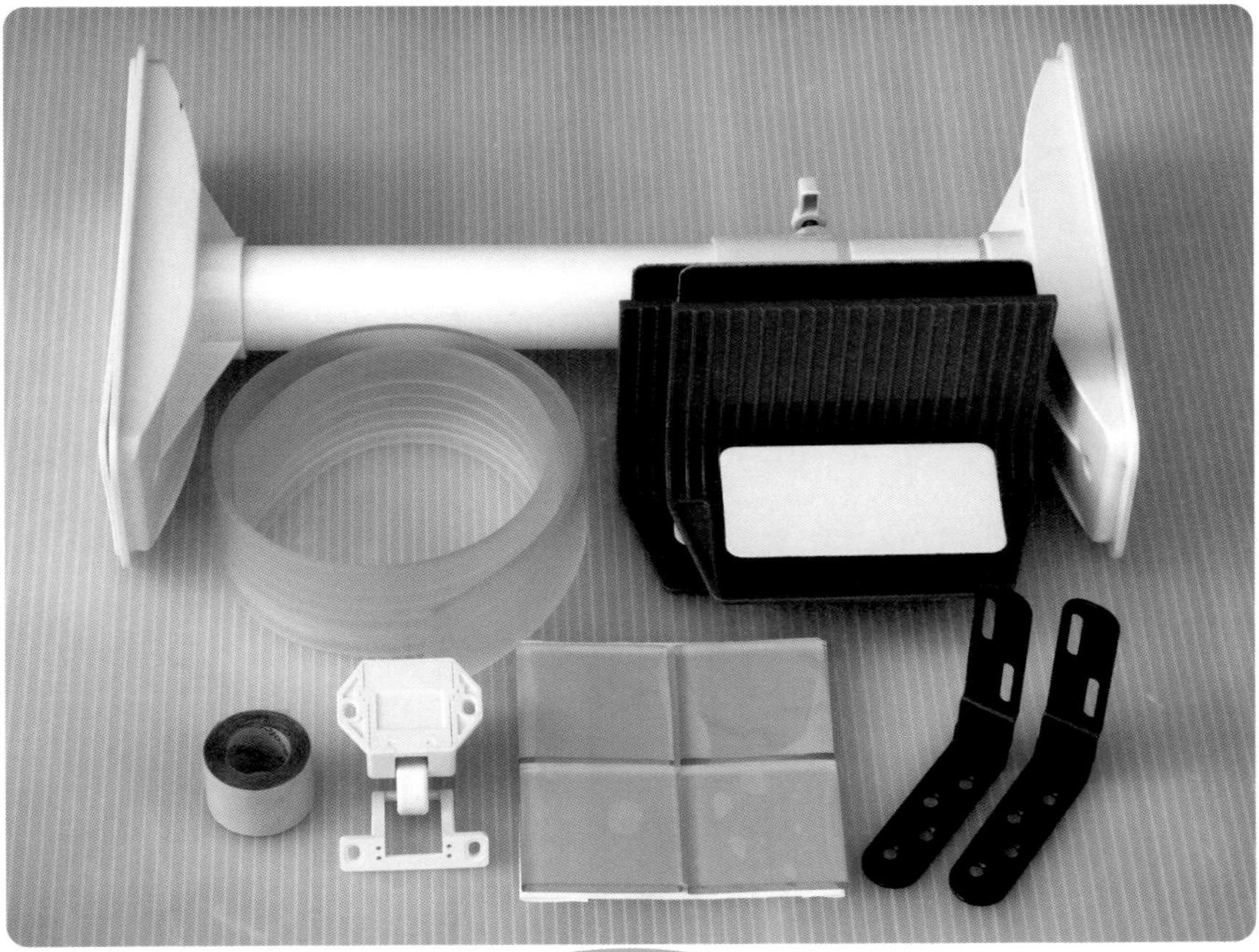

column

【コラム】賃貸住宅の家具固定は「いいからネジ打っちゃえよ！」もあり

各種の耐震固定器具の中で、最も頑丈でありながら材料費が安い器具が「金具とネジ」です。いわゆるL字金具などを使用することで、大地震の直撃に負けない固定を行うことができます。持ち家の場合は積極的にネジ固定をしていただきたいのですが、問題は「原状回復義務」の壁が立ち塞がる賃貸住宅です。

公営住宅の中には、ネジ打ちが可能な物件もありますので、ぜひ問い合わせをしていただきたいのですが、残念なことに民間の賃貸物件の多くは、耐震固定器具によるネジ打ちを原状回復の対象としています。この場合は粘着器具や突っ張り棒を使用するのですが、「敷金は諦めて、ネジを打ってしまう」という考え方もあります。

お金で命は買えません、お金を払ってネジが打てるならば、金具による家具固定をしてしまうのも方法です。ネジ打ち……してしまいませんか？

「金属パーツ」とネジを使用して頑丈で安価な家具・家電の固定を行う

家具や家電を固定する方法として、頑丈で材料費も安い方法が「金属パーツ」を使用した固定です。建物の壁と家具・家電をネジやボルトを使用して直接固定します。正しく設置すれば大地震の揺れでも転倒を避けられるようになり、しかもメンテナンスもほぼ不要となります。

金属性の耐震固定器具は、よく使われる「L字金具」をはじめ、直線金具や、金属プレートとベルトやワイヤーを使用した固定器具、テレビとテレビ台をつなぐ金属ポールなど種類豊富です。用途に合わせて選択をしてください。

ただし、壁にネジなどを打ち込む際には、木材の「下地」部分を探して固定することが重要です。一般的な壁には、石膏ボードと呼ばれる画びょうなどを打てる板が使われていますが、ネジなどを打ち込むと崩れてしまいます。そのため、石膏ボードを支えている木材の下地にネジを打ち込む必要があります。下地は、建物の設計図を見たり、「下地センサー」などの器具を使うことで、探し出すことができますので、ぜひ正しく固定し、安全な室内環境を得てください。

金属製の耐震固定金具

下地センサー

下地センサーを使って「ネジ」を打てる木の柱を探している様子。センサーをスライドさせると、下地がある場所でブザーが鳴りライトが点滅する。

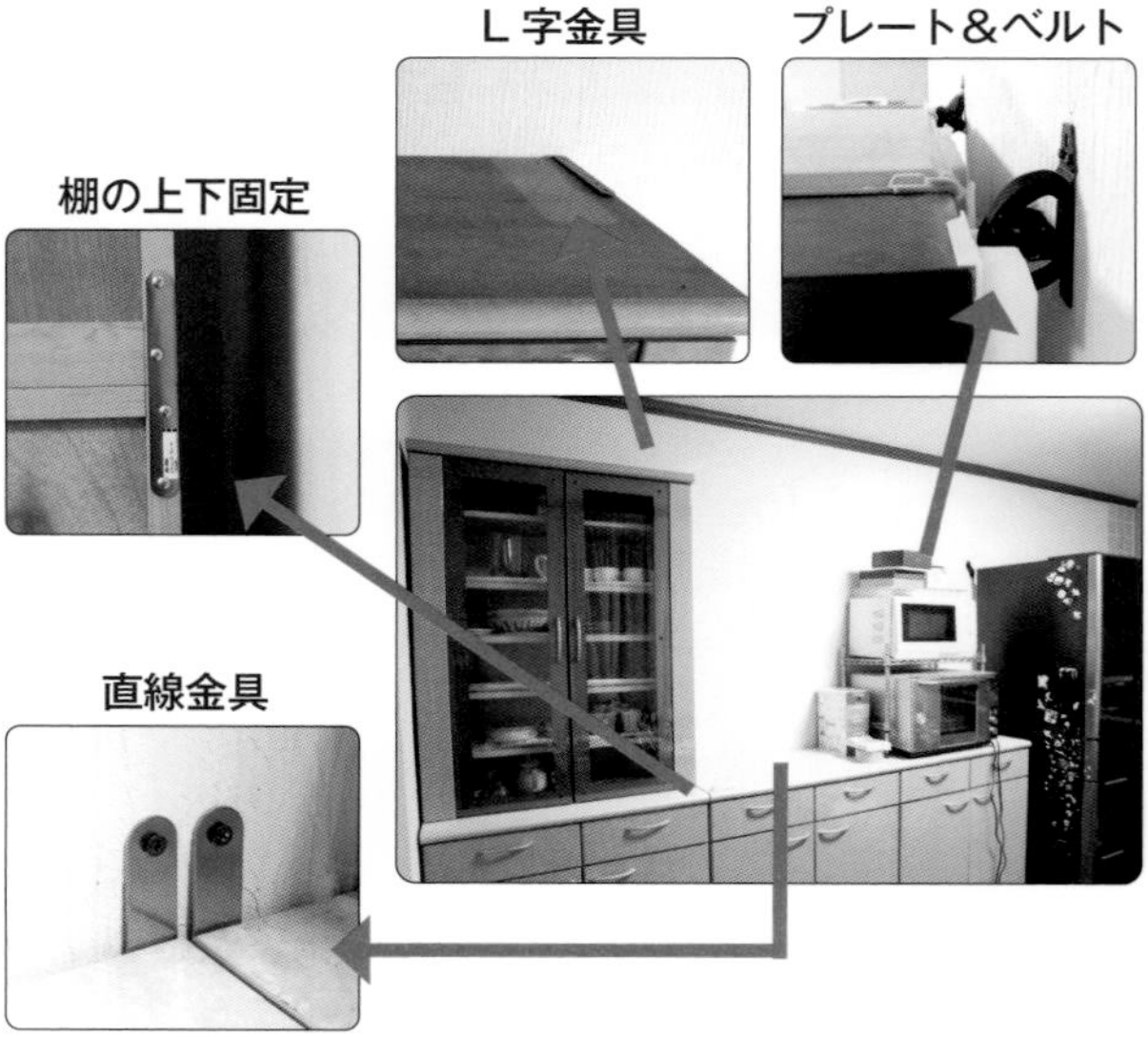

「粘着」による固定器具で家具・家電の転倒を防止する

固定したい家具や家電の後ろに、ちょうどよい壁がない場合。下地が入っておらずにネジを打てない場合。家具や家電側にネジやベルトを固定する部分がない場合など、金属パーツによる固定が難しい場合は、「粘着」タイプの器具を使用するのがおすすめです。

■「L字」粘着固定器具

ネジの代わりに、粘着シートで家具・家電と壁を直接固定できる、L字タイプの「粘着」固定器具もあります。大型のタンスや食器棚など、重量のある家具固定に向いています。

■「プレート&ベルト」粘着固定器具

やはりネジの代わりに、粘着シートでプレートを壁や家具・家電に固定できる、ベルトを使った「粘着」固定器具です。壁に密着させられない家電などの固定に向いています。

■粘着ジェルマット

100円ショップなどでも売られている、下側を固定する粘着ジェルマットです。小物やインテリア、テレビやPCモニタ、パソコンなどの小型家電の固定に向いています。

粘着タイプの耐震固定器具

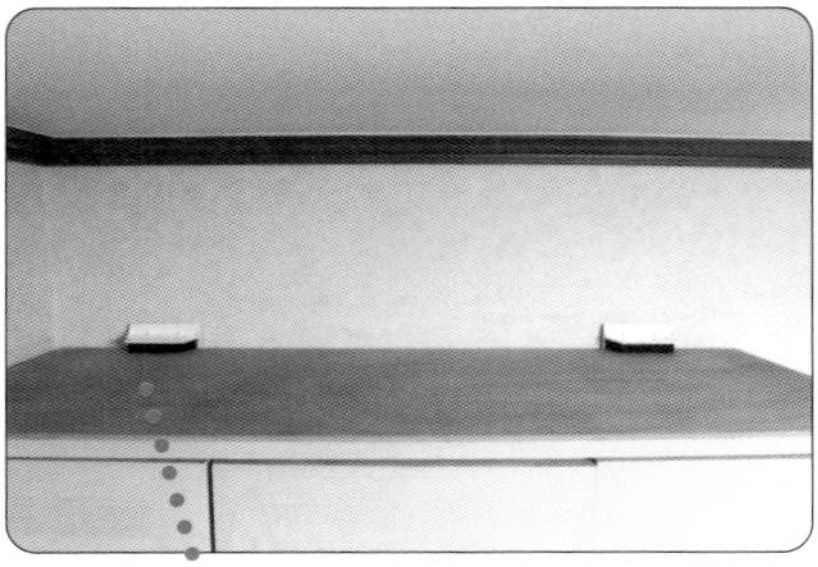

L字の粘着固定器具。壁と家具を直接固定できる。

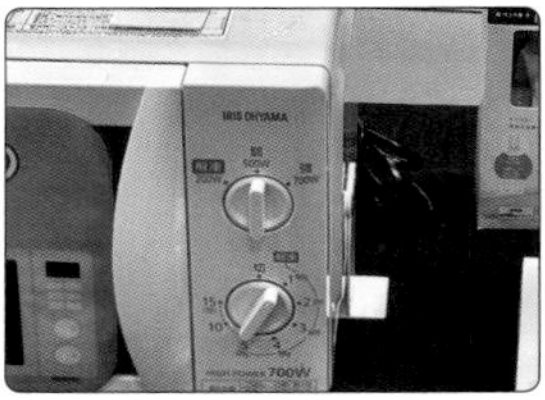

プレートとベルトを使った粘着固定器具。家電を横側から固定するものもある。

「突っ張り棒」を使用して背の高い家具の転倒を防止する

家具への後付けが簡単な耐震固定器具としては「突っ張り棒」があります。突っ張り棒は、建物の天井と家具や家電の間に設置し、「突っ張る」ことで転倒や移動を防ぐ器具です。金具や粘着タイプの器具を設置する際には、家具などを移動させる必要がありますが、突っ張り器具は家具を移動させずに後付けでき、また工具なども不要で設置が簡単です。半面、設置する場所や設置方法を誤ると、固定の効果を得ることができないため、正しく設置することが重要です。

設置時のポイントとしては、突っ張り器具は必ず2本セットで壁側に設置すること。また弱い天井に対して突っ張りすぎると、天井を歪《ゆが》ませてしまうことがあったり、あるいは大地震に見舞われた際に、天井を突き破ることがあったりするため注意が必要です。鉄筋コンクリート製の建物のはり（構造体）など、力を加えても歪まない場所に対しては特に効果を発揮します。突っ張り棒は次第に緩むため、定期的な「緩みチェック」が必要です。半年に1度は確認、また地震に見舞われた後にも点検をしましょう。

突っ張り棒

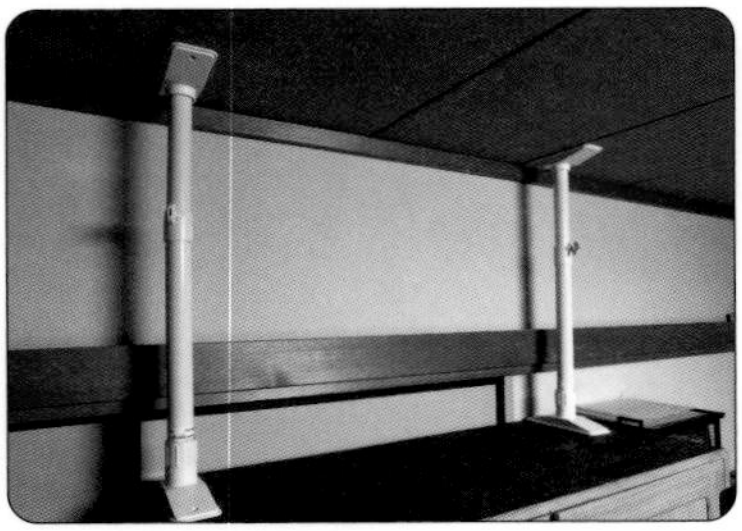

２本セット・家具の奥側に設置する正しい方法。天井との距離が長いと効果が薄れるため、別の方法を検討したいケース。

パンタグラフ型の器具は突っ張り力に優れる。

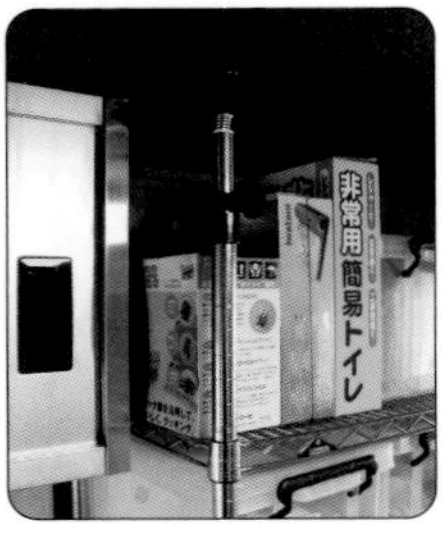

メタルラックと一体化した突っ張りオプションもある。

家具と一体化している突っ張りパーツ。天井との距離が短いので効果が高い。本棚には書籍落下抑制テープなどを貼るとよい。

「ベルト・ストッパー・耐震ラッチ」で荷物や食器の落下を防止する

食器棚や荷物の収納棚を固定しても、中の荷物が落下すれば大きな被害をもたらします。特に乳幼児のベッド、寝たきりの家族の布団、ペットの寝床など、その場から身動きのとれない家族に直撃するような場所には、落下する荷物を絶対に置かないようにするか、固定が必須です。

■ベルト・ワイヤー・テープ

棚に入っている荷物はベルトやワイヤーを棚の横方向に通して落下防止を。書籍は、図書館などでも使われる落下抑制テープを棚板に貼ると、出し入れを邪魔せず対策できます。

■粘着マット・粘着ブロック

小物やインテリアは、見た目を悪くすると固定そのものをやめたくなりますので、下側を固定する粘着マットや、横側を固定する粘着ブロックを使うと、きれいに仕上がります。

■ストッパー・耐震ラッチ

食器棚やキッチンの吊り戸棚の「開き扉」には、ストッパーを設置しますが、揺れた時にだけ自動で扉を固定する「耐震ラッチ」を使うと、生活を邪魔せずに固定ができます。

ベルト・ストッパー・耐震ラッチ

金属ラックにベルトを通して、収納ボックスの落下を防いでいる様子、ベルトはバックルの開閉ですぐに外せる。ラックそのものは、４本の突っ張りパーツで転倒防止をしている。

L字金具で固定した開き扉タイプの食器棚。最上部に「耐震ラッチ」を設置、普段は自由に開閉できるが、揺れた時だけ棒が降りてきて自動的に扉をロックする。

室内の火災対策

平時にも非常時にも重要な「火災」対策
火を出さず、すぐ気づき、消火する準備を

大地震とあわせて重要な室内対策が、火災への備えです。住宅火災は、大地震などの二次災害として発生することもありますが、いわゆる「普通の火災」として突発的に生じることも多くあります。近年、タバコ喫煙率の低下、暖房器具の安全性向上、住宅用火災警報器の普及などに伴い、住宅火災の件数は減っています。しかし、人の生活あるところに火災あり、我が家の火災対策はいつの時代においても重要です。

火災対策は、「①出火させない対策」「②出火を察知する対策」「③出火時に初期消火を行う準備」の3つが基本です。我が家からは絶対に出火させない、出火してもすぐに気づいて逃げられる、また可能ならば初期消火を行い地域全体の安全も守る。これを平時・非常時の両方に実施できるよう、設備を用意したり、訓練に参加するなどの準備を行います。

我が家と地域を守る火災対策3つのポイント

	平時の対応	非常時の対応
① 出火させない	火気や家電の正しい利用	感震ブレーカーの正しい設置と利用
② 出火を早期察知	住宅用火災警報器の設置	
③ 素早い初期消火	消火器による初期消火	

電気火災を防止する「感震ブレーカー」は使い方に注意して使用する

「出火させない対策」に役立つ器具として、近年普及が進められているのが「感震ブレーカー」です。感震ブレーカーは、大地震の揺れに見舞われた際に、自宅にある分電盤の主電源を自動的に遮断する装置です。つまり「地震で揺れると電気を強制的にストップする」ようにする装置です。

　大地震の揺れでストーブやアイロンなどが燃えやすい物に触れたり、壁中の配線や室内のタップがショートして出火したりする、「電気火災」が生じることがあります。また、停電した自宅を出て避難生活をしている最中に、停電から復旧すると誰もいない自宅に電気が戻りますが、この時に転倒したままの家電から出火をする「通電火災」が生じることもあります。これらの火災を防ぐ装置が、感震ブレーカーです。

　しかし、夜間の大地震で感震ブレーカーが作動すると、当然ながら「部屋の照明」も消えてしまうため、安全行動などがとれなくなります。「遅延遮断機能」付きの機種や、「自動点灯ライト」を併用したり、ブレーカーではなくコンセント単位で設置する機種を選ぶとよいでしょう。

感震ブレーカー

ブレーカーに自分で後付けするタイプのシンプルな感震ブレーカー。安価で設置も簡単だが、照明も落としてしまうため、自動点灯ライトなどと併用することが必須。

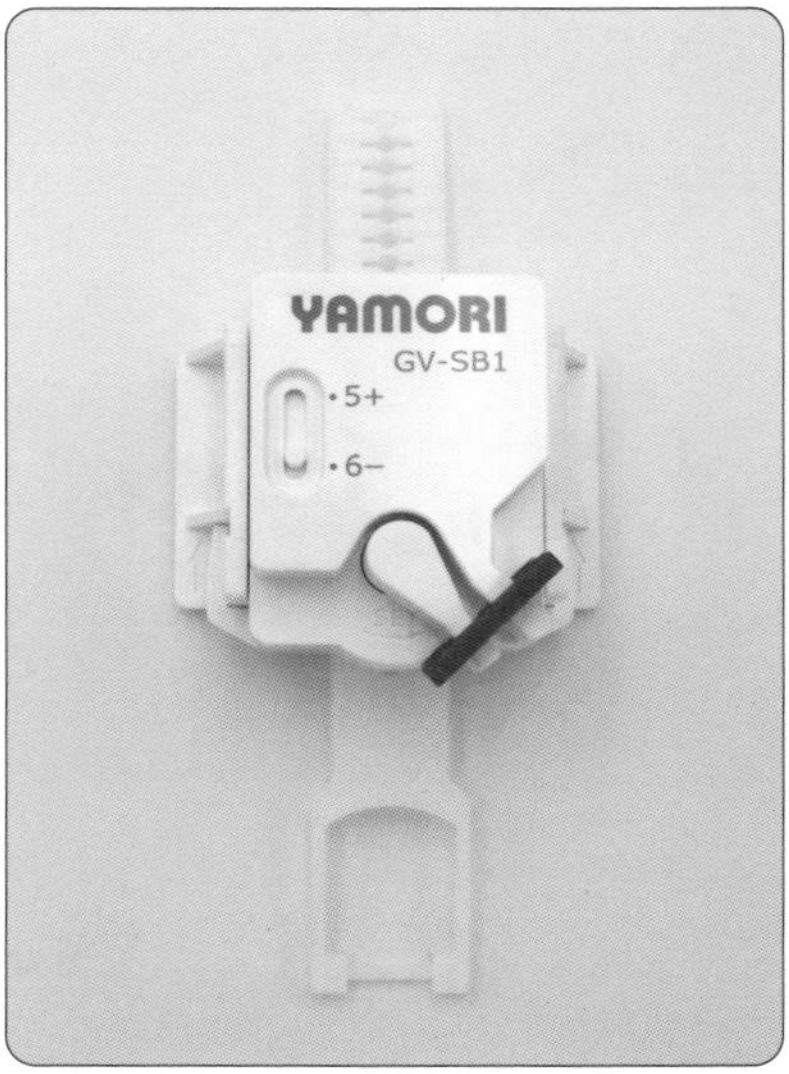

電力会社に依頼して設置してもらうタイプの感震ブレーカー。即時または数分後に電気を遮断可能、停電からの復旧時にも遮断するため通電火災も防止できる。

火災を早期に察知する「住宅用火災警報器」は設置が「義務」

「出火を察知する対策」としては、住宅用火災警報器が有効です。就寝時に火災が発生した場合や、高齢者の自宅で火災が発生した場合には「逃げ遅れ」が発生し、死者が生じることもあります。火災に気がついた際には、すでに煙にまかれて避難ができない状態になっていたり、気がつく前に一酸化炭素中毒で命を落としたりといった状況を防ぐ装置が、火災を検知して警報音を鳴らす「住宅用火災警報器」です。

住宅用火災警報器は、消防法という法律により、新築・既築の住宅共に設置が義務化されています。設置するかどうか?ではなく、設置しなければ法律違反となります。未設置でも逮捕されたり罰金をとられたりすることはありませんが、自分と家族と地域を守るために有効です、必ず設置を。

設置場所は原則として「主寝室」や、ベッドのある「子ども部屋」、火気の多い「台所」や、寝室のある階の「階段上部」となります。なお、119番への通報は自動では行われませんので、警報器が鳴った際には避難しつつ消防へも通報を行ってください。

住宅用火災報知器

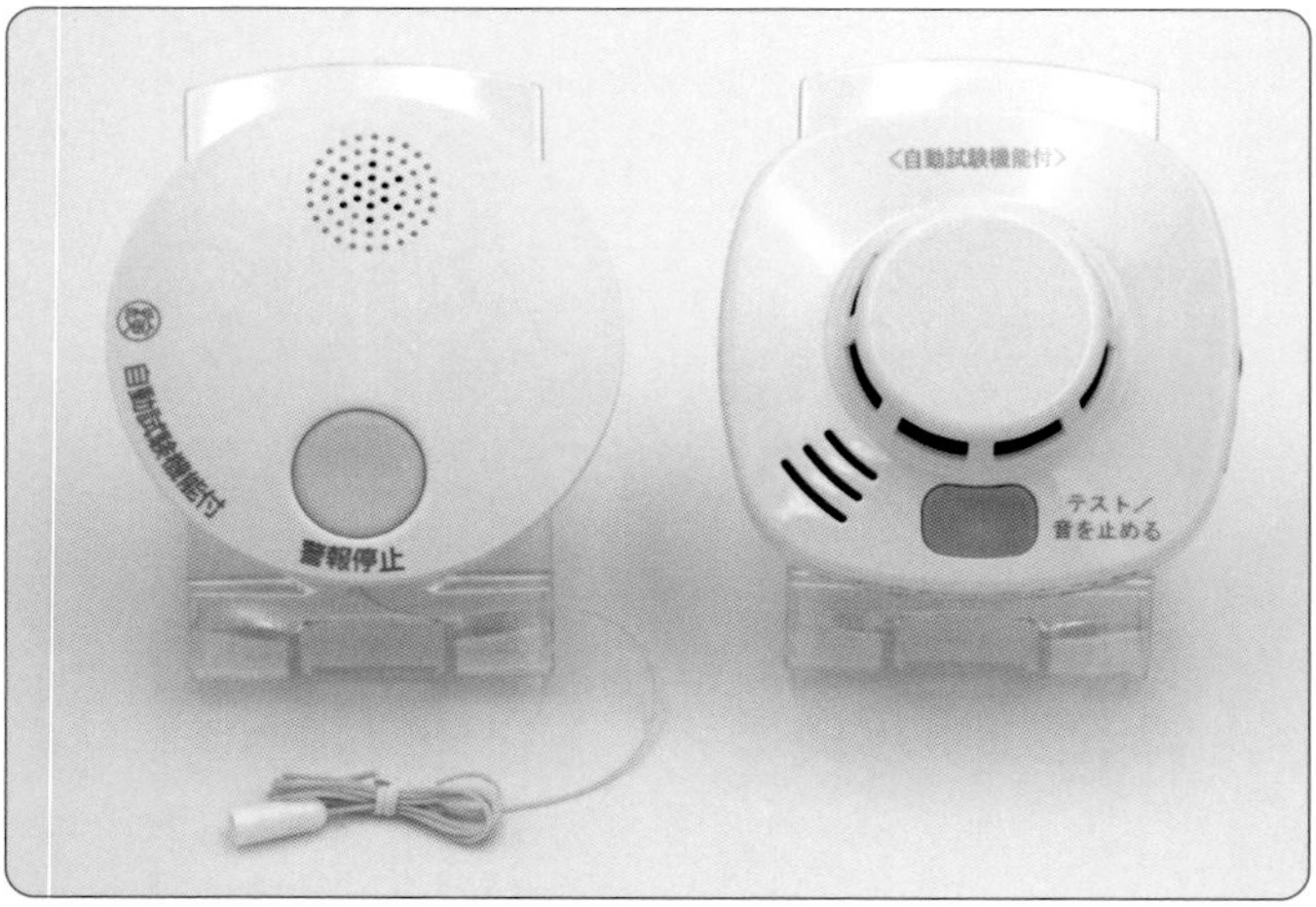

住宅用火災警報器はメーカーごとに見た目や操作感が異なるが、規格が定まっているため基本的な機能に差はない。最低でも半年に1回以上は、ボタンを押すか紐を引っ張るかして「動作テスト」を行うことが重要。なお標準的な寿命は10年間で、電池交換ではなく本体ごと交換を行う。

初期消火の切り札「住宅用消火器」見た目のよい物を取りやすい場所に設置

「出火時に初期消火を行う準備」としては、消火器を準備する必要があります。ちなみに消火器には住宅用と業務用があり、住宅用は「安い・軽い・かわいい」という特徴を、業務用は「高い・でかい・すごい」という特徴を持ちますが、家庭向けには住宅用消火器がおすすめです。

業務用消火器は法律で「面積の25％以上を赤色」にすることを定められていますが、住宅用消火器のデザインは自由であり、オシャレな物、可愛い物などが多く存在します。住宅用消火器は「消せる火災」の種類が「普通火災」「天ぷら油火災」「ストーブ火災」「電気火災」の４つに分けられており、それぞれ使用できる場所が異なります。が、多くの消火器は「4種対応」ですので、こうしたものを選んでください。

また消火器には、「粉末」タイプと「液体」タイプがあり、住宅向けなのは液体です。粉末タイプは能力・使い勝手に優れますが、使用後は「粉まみれ」という二次災害が生じて、周囲がお祭り騒ぎになります。片付けのしやすい液体タイプを選び、ためらわずに使用できるようにしてください。

住宅用消火器

家庭向けの消火器具には、「消火器」「消火スプレー」「投てき消火器具」などがある。最も消火能力に優れているものは消火器なので、これを最低１台準備。その他は好みに合わせて追加すると安心。消火器は室内の取りやすい場所に置くべきであるため、真っ赤な「THE 消火器！」タイプのものより、インテリアに馴染むデザインのものがおすすめ。

室内における「明かり」の確保

大地震や台風による夜間停電は死なない環境を脅かす

「死なない環境」を構成する要素に「照明」があります。人間は明かりのない場所では文字通り何も行えず、特に災害により停電が発生した場合は、安全行動をとったり、避難を行ったりすることもできなくなります。命を守るために、あるいは危険から逃げるために、まず照明を確保することが重要です。来世は暗闇に強いネコに生まれたいものです。

準備すべき照明器具には、避難や救助活動など両手を空けたい状況で使う「ヘッドライト」や「ネックライト」、作業などをする際に便利な「手持ちの懐中電灯」、また生活をする際に使用する「ランタン」などがあります。いずれもLEDタイプのライトを選択してください。また乾電池で使用する器具は、電池のサイズを共通化すると使い回しができるようになります。全て「単三電池」の器具で統一をすると便利です。

LED ライト

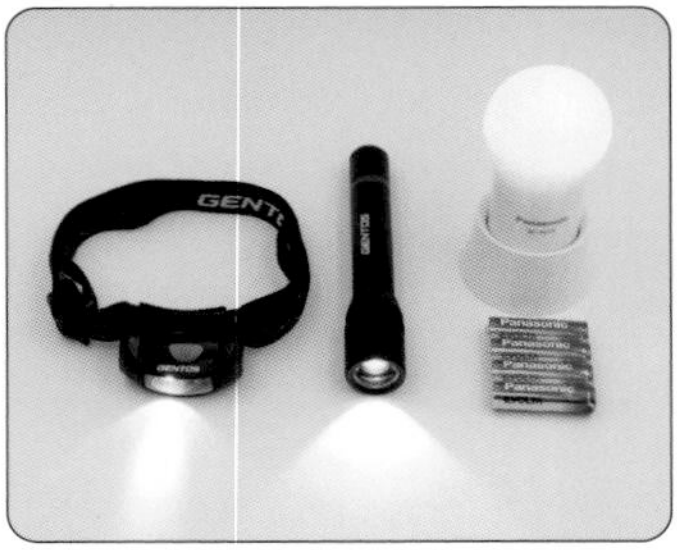

非常時用の明かりは、乾電池を使った「LED」ライトが基本。写真左から、両手が空く「ヘッドライト」、作業をしやすい「ハンドライト」、空間を照らす「ランタン」。この３種類を用意すると、どのような場面にも対応することができる。なお写真のライトは全て「単三電池」で統一してある。

モバイルバッテリーやポータブル電源から給電できるランタンは、長時間明るさを維持できる（左）。また普段はインテリアとして使い、非常時にはランタンとして使えるライトも、無駄にならず便利（右）。なお、ロウソクは火災の原因になるため、非常時の使用は避けて、LED ライトを使用するのがよい。

「停電時自動点灯ライト」で非常時に行動するための明かりを自動で確保

停電で明かりを失うことは、どのような状況においても大変なことですが、とりわけ問題になるのは「大地震と同時に発生する停電」です。大きな揺れの最中に停電すると、身を守る行動がとれなくなります。床に危険物、割れたガラス、刃物、尖ったものがちらばった状態で停電すると、身動きがとれなくなります。この状態で津波や火災が発生すると、避難が遅れて命を落とすことにもつながりかねません。

そこで、「停電したら自動的に点灯」してくれる、停電時自動点灯ライトの準備をおすすめします。壁のコンセントにプラグを差しておくと、停電を検知して自動的に点灯してくれるライトです。寝室や風呂場の脱衣所など無防備になりやすい場所、キッチンなど危険物が多い場所、廊下や玄関など避難経路になる場所に設置すると役立ちます。

さらにこのライトは、例えば日常生活においてありがちな「炊飯器と餅つき器と電子レンジを同時に使って、正月からブレーカーが落ちた」という状況でも点灯します。自宅の配電盤の近くにもぜひ設置してください。

停電時自動点灯ライト

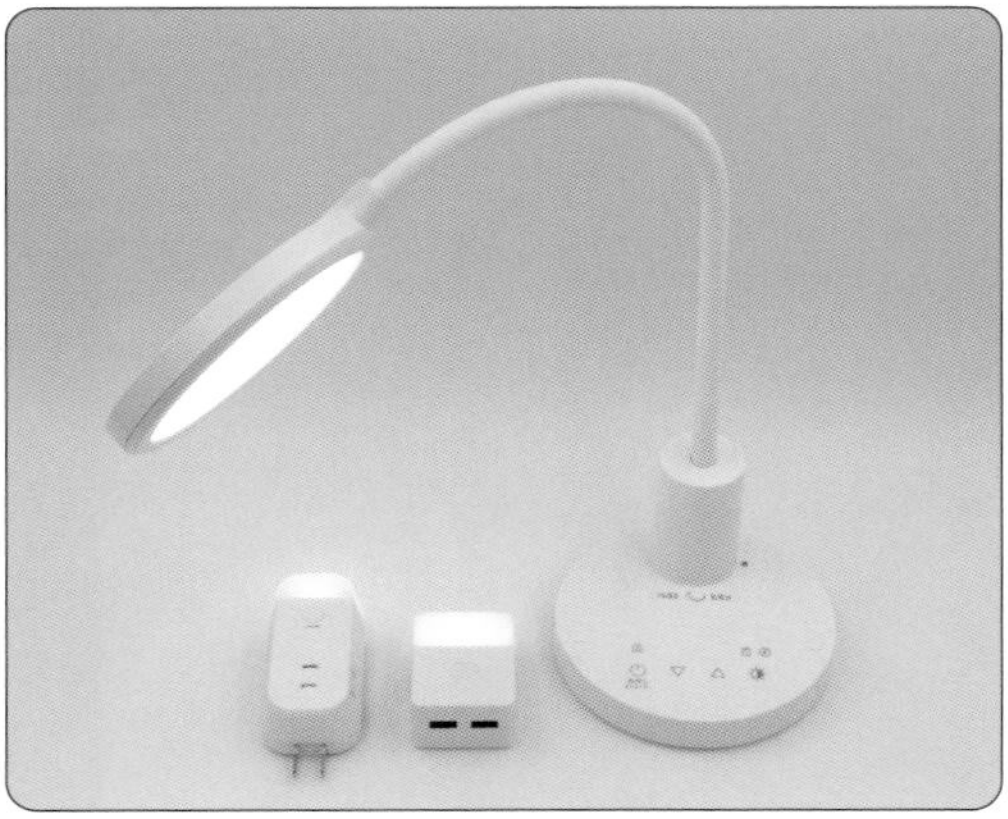

平時は日用品として使い、停電時に自動点灯するライト。写真左から、「コンセントタップ」型、「USB 充電器」型、「デスクライト」型で、災害時以外にも活用できる。普段はコンセントに挿して日用品として使い、停電すると自動的に周囲を明るくしてくれるため、安全行動をとることができる。

お風呂場の脱衣所には、停電時自動点灯ライトをぜひ設置したい。入浴中に大地震と停電が発生した場合、明かりがなければ大ケガにつながりかねない。また平常時に「ブレーカーが落ちた」時にも有効なため、平時から活用できる。

室内の「空気と温度」を守る対策

冬に大規模な災害や停電が発生すれば、それだけで「凍死」による被害が生じる恐れもある。2018年9月6日に生じた北海道胆振東部地震では、北海道全域が停電するブラックアウトが生じたが、この地震が冬場に発生した場合、大きな被害に発展した可能性もあった。

「死なない環境」を構成する「空気」と「温度」を維持する備え

「死なない環境」を構成する重要な要素が「空気」と「温度」です。自宅を頑丈にして物理的な脅威から身を守れる環境を準備できても、空気と温度を維持できなければ生存することはできません。大げさに思えるかもしれませんが、噴火による火山灰の降灰や原発事故が生じれば、外気の取り入れは困難となりますし、真夏や真冬に停電が生じれば、室内の気温は生死にかかわる温度になるのです。

特に「温度」に関しては、特定の季節に大規模な停電が生じるだけで深刻な問題となります。他の自然現象による二次災害として生じる可能性が高い影響です。昨今は夏場の気温上昇により寒さだけでなく暑さへの備えも欠かせませんが、暑さ対策の多くには「電気」が必要となるため、停電時への備えが不可欠になっているといえます。

「火山灰」「有害物質」「放射性物質」から室内の空気を守るための準備

1910年に「ハレー彗星」が地球へ接近した際には、「5分間だけ地上から空気がなくなる」といった噂が流れて社会現象に発展したそうです。これはあり得ないとしても、空気が汚染される状況はいつでも生じる可能性があります。

火山の噴火が近隣で生じた場合、また超巨大噴火が国内で発生した場合には、火山灰を室内に入れない対策が必要です。光化学スモッグの発生やPM2・5の飛来時には、室内に閉じこもり外出しないことが推奨されます。

また花粉症の方にとっては、毎年の花粉被害も空気に対する災害であるといえますね（私も想像するだけで涙と鼻水が出ます）。また原子力発電所でメルトダウン事故などが発生した場合も、放射性物質から身を守るための対応が求められます。このような状況に対して宇宙服を準備したり、空気そのものを生成したりすることは困難ですので、方針としては「外気を安全に取り入れる」準備を行います。自宅の窓やドア周りを目張りした上で、取り除きたい汚染物質に対応できるフィルターを、外気を取り込む場所に設置するのです。

建物で空気を守る対策が必要

- 光化学スモッグ PM2.5 スギ花粉
- 噴火による火山灰
- 原発事故や核戦争による放射性物質・死の灰

▶

- ●できれば高気密住宅で
- ●隙間をテープで目張り
- ●通風口にフィルター設置
- ●空気清浄機も全開運転

これを極めた設備が核シェルター。
ですが、「普通の家」でもある程度は対応可能です

「夏と冬」の災害では温度が問題に建物を守る対策で「家」を維持する

夏場や冬場の災害で停電が生じると、室内であっても熱中症対策・低体温症対策が必要になります。いずれも最悪の場合は命にかかわりますので、死なない環境作りの一環として必要な対策といえます。

近年の気温上昇に伴い、日中の最高気温が35℃を超える猛暑日の日数が増えています。日によっては体温を超える温度まで気温が上昇することも珍しくなく、停電してエアコンが使えなくなる状況への備えが必須です。また寒さ対策については、日中の最高気温が氷点下になる北国や山間部はもちろん、外気温が10℃を下回り始めると室内の凍死者が増加し始めるため、温かい平野部でも寒さ対策は必要です。

準備をしたい具体的な物については5章・災害を「しのぐ」で解説しますが、なにより「家を失わない」準備が重要です。暑さ・寒さをしのぐために最も有効な防災グッズは「建物」です、家の中に入ることができれば、「気温対策」は大幅に改善されます。可能であれば自然現象を「避ける」準備を、そして地震で家を失わない対策が必須です。

建物で温度を守る対策が必要

夏の災害×停電
熱中症による死亡
気候変動による気温上昇でリスクが増大している

冬の災害×停電
低体温症による凍死
北国に限らず、外気が10℃を下回ればどこでも凍死の恐れがある

最重要な対策は家を失わない準備

災害を「避ける」「耐える」
特に地震対策を徹底して発災時に自宅に留まれる準備を

最低気温「マイナス4℃」以下で生じる水道管の凍結に対する事前・直前対策

「低温」で生じる問題に、「水道管の凍結」があります。寒さの厳しい北国はもちろんですが、「普段温暖な地域における想定外の低温」でも発生するため、水道管を凍結させないための事前準備や道具の確保が必要になります。

水道管の凍結は、目安として最低気温が「マイナス4℃」以下になると、発生する件数が増大します。北国や山間部の建物には最初から寒さに「耐える」準備がされており、水道管を外気に露出させせない対応や、水道管から水を抜くための「水抜き栓」が設置されています。夜間に水抜き栓を使えば水道管を空にできるため、凍結の心配はなくなります。

一方、関東より南の平野部など、氷点下になることがそれほどない地域には、水道に「水抜き栓」がないため、その他の対応で水道管を保護する必要が生じます。夜通し暖房を入れたままにする、水道管や蛇口に防寒材を巻き付けて保護する、朝まで蛇口から水を出し続けるなどが具体的な対策となります。こうした対策を都度行うことを避けたい場合は、最初から「凍結対策」を考慮した家にするのがよいでしょう。

普段温暖な地域の水道管凍結直前対策

暖房

暖房を入れたままにする

大寒波の日に限定し
一日中家の暖房を
止めないようにする

防寒

水道管を保護する

屋外に設置されている
水道の蛇口などを
防寒して守る

流水

水を流しっぱなしにする

家族全員が寝る際に
室内の蛇口から
水を出しっぱなしにする

災害による「緊急対応」への備え

災害時の救助・応急手当の準備
道具がなければどうにもならない状況を回避

大地震による建物倒壊や家具の転倒で、身動きのとれない状態となった。あるいは災害による影響で家族が負傷した。通常であれば「119番通報」を行いますが、広い地域で被害の生じるような災害時には、消防車や救急車もすぐに駆けつけてくれるとは限りません。このような状況に対しては、自分と家族による自助、およびご近所による共助で、救助活動や応急手当を行う必要があります。

建物や室内の安全対策を万全に行えば、大地震などの直撃を受けても、即死したり重傷を負ったりする可能性はかなり低くできます。しかし、それでも自分や家族に被害が生じる可能性をゼロにすることは困難です。道具がなくて目の前の家族を助けることができなかった、このようなことがないように、最低限の準備を行うことが重要です。

横浜市消防局特別高度救助部隊（スーパーレンジャー）

全国にある特別救助隊発祥の地が横浜。日頃から厳しい訓練を重ねている、非常時における救助活動の切り札。しかし、同時多発的な災害や車両の通行ができない規模の災害には対処ができないため、最低限の対応は自分と家族で行えるようにする必要がある。

「バール・ジャッキ・ノコギリ」身動きのとれない家族を助け出すための備え

大地震を原因とする家屋倒壊や家具転倒などで、身動きがとれなくなった家族を救助する際には、「できるだけ素早く」実施することが重要です。これには、「そりゃまあ、何事も早いほうがいいよね」という緩い話ではなく、明確な理由があります。

ひとつは津波や地震火災が発生する状況への対応です。発生が想定されている南海トラフ巨大地震では、地震発生から数分で津波の第一波が到達する地域が多くあります。また自宅周辺で火災が発生した場合、自宅にもすぐに飛び火してくる恐れがあります。まさに1分1秒が生死を分ける状況となるため、素早い救助が必要なのです。

もうひとつは「クラッシュシンドローム」への対応です。建物や家具などに身体の一部を挟まれた状態が数時間以上継続すると、体内にカリウムなどの毒素が生成され、救助時にこれが全身を巡りショック死する現象が生じることがあります。医療支援なしで対処するためには、2時間以内に圧迫を解消する必要があるため、素早い救助が必要なのです。

救助作業3種の神器
「バール・ジャッキ・ノコギリ」＋α

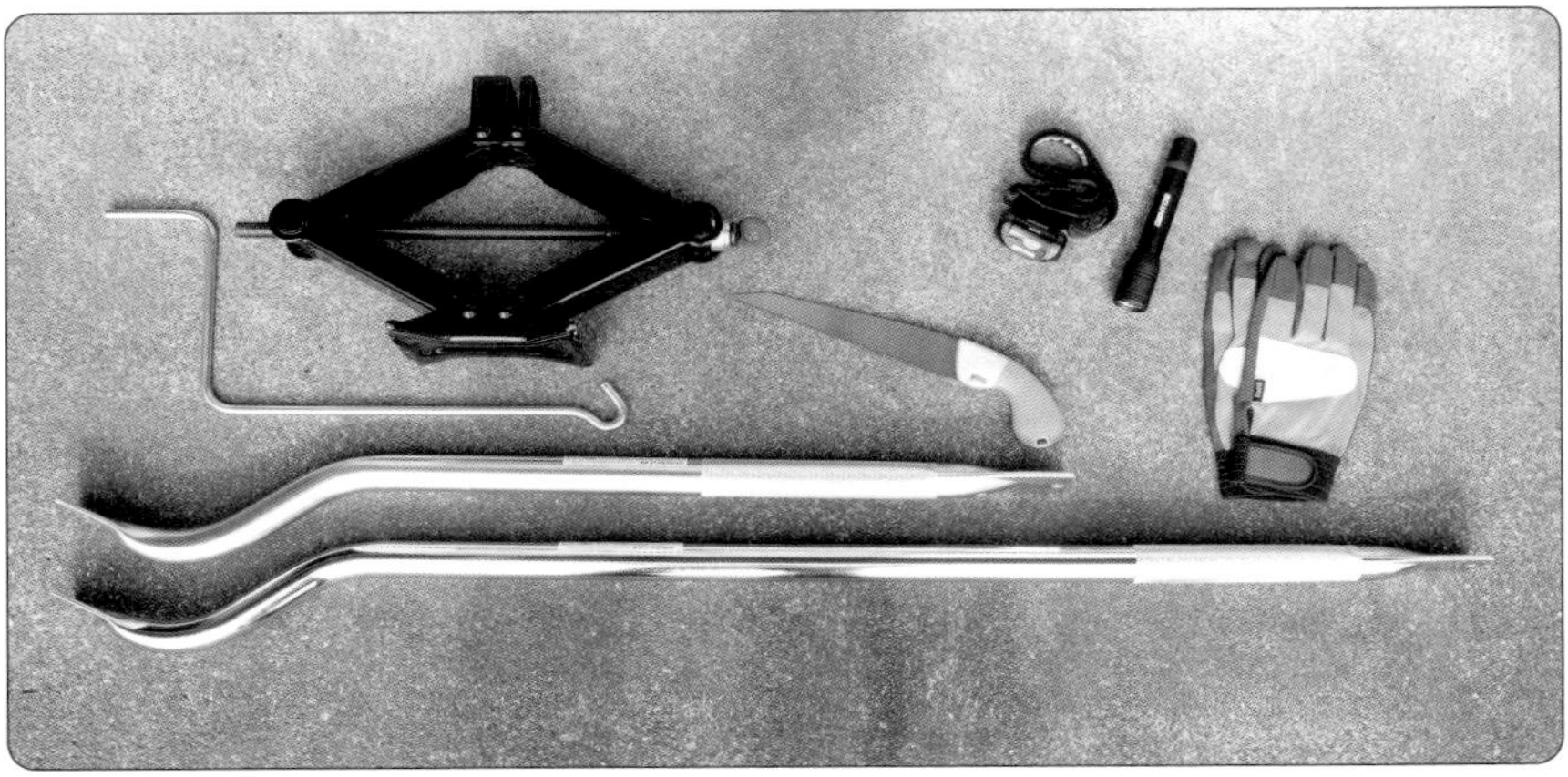

個人でも使用できる救助用品として、バール・ジャッキ・ノコギリをぜひ準備したい。また夜間に備えたLEDライト、作業用のグローブや軍手も、まとめておくとすぐに使える。「道具がなくて目の前の家族を助けられなかった」という状況は絶対に避けたい。これらの道具をうまく使うため、役場や消防が主催する防災講座などで「重量物除去」を学ぶとさらに実践的になる。

災害時医療現場におけるトリアージに対応する「応急手当セット」と「普通救命講習」で

大規模災害で大量の負傷者が発生すると、医療機関がパンク状態となり医療崩壊状態が生じます。これを防ぐため、災害時には「医療資源の効率的活用」と「治療者の優先順位付け」が行われる計画になっています。地域ごとの考え方は、2章で解説した「地域防災計画」（36ページ）でも確認することができます。

医療資源の効率的活用のためには、医療機関の統合と役割分担が行われます。地域の病院やクリニック全てで負傷者を受け入れるのではなく、役割を持たせた拠点を定めてそこに人や物を集約し、集中的に医療を提供するという計画です。

治療者の優先順位付けは「トリアージ」と呼ばれる活動が行われます。これは、「軽傷者は後回しにして、いま治療しないと死ぬ人を最優先する」考え方で、「もう助からない」人と、「軽症」の人は、治療を受けられない可能性があります。この場合の「軽症」には、骨折や、体表の10％程度の火傷など、普段なら重傷扱いされる症状も含まれ、これらに対する応急手当の準備を、家庭内で行う必要があるのです。

平時にも使える救急セットを準備

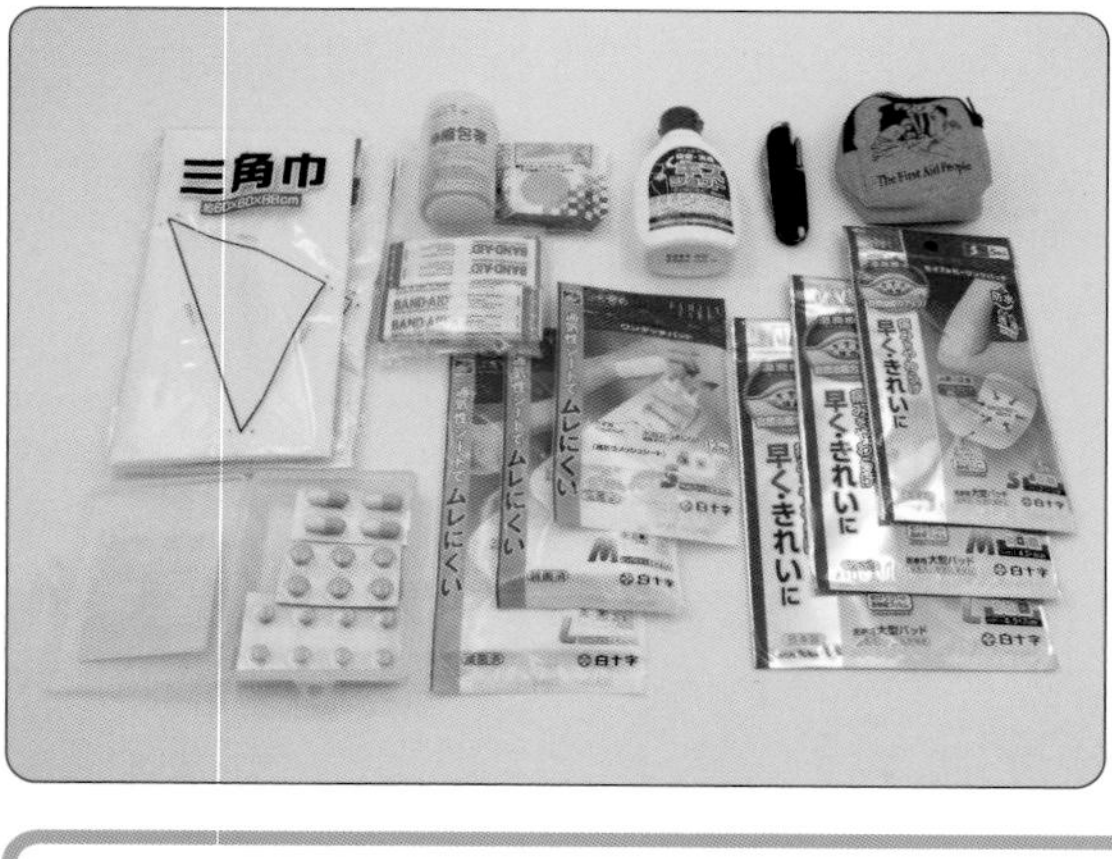

＋α

紙または電子書籍で応急手当の本や家庭の医学事典を用意しておくと役立つ

救助や応急手当は、道具の準備だけでなく「知識・経験」も重要。自治体の防災訓練や消防の普通救命講習にぜひ参加を！

「AED」の置かれている場所を把握
突発的な心停止は子どもから高齢者まで生じる

AED（自動体外式除細動器）は、何かしらの原因で心停止した心臓に、電気ショックを与えて正常な状態に戻すための医療機器です。医療従事者ではない一般市民でも使用できる器具ですが、家庭ごとに購入して管理するのにはお金と手間がかかるため、自宅周辺にある「AEDが置かれている場所」を知っておくことが重要です。駅、公共施設、学校、コンビニなどに設置されている可能性があります。

AEDの使用目的は、心臓がけいれん（細動）してポンプ機能を失っている状況において、電気ショックを与えることで細動を取り除き、心臓が本来持つリズムを取り戻すことにあります。心停止からできるだけ早い時間でAEDを使用することができれば、救命率を大幅に上げることができます。

AEDは電源を入れれば、音声ガイダンスが流れて操作方法やすべきことを教えてくれます。とはいえ、一度も使ったことがなければ、とっさの状況で正しい利用は困難です。地域の防災訓練などで行われる「普通救命講習」などを受講し、前述の「応急手当」の方法とあわせて学んでみましょう。

街中の至る所にある AED

駅・役場・公民館・学校・スポーツ施設
コンビニ・商業施設・ビルのエントランスなど

自宅の最寄りに設置されている AED の場所を把握しましょう

レジャー施設にも周囲に溶け込んだ AED があります

富士山の山頂にも日本一「高い」AED が置かれています

核シェルターについて

「核爆発」が生じた際に起きる 4つの影響を「耐える」ための準備

様々な防災対策における究極の手段のひとつが「核シェルター」の準備ではないでしょうか。核シェルターと聞くと、大勢の避難者が詰めかけ、「ここはもうひとり、いえ、どうつめてもふたりまでです!」と混乱状態になっているシーンなどがイメージされます。核シェルターを正しく理解するためには、そもそも核爆発でどのような影響が生じるのかを知ることが重要です。

原水爆などの核兵器が爆発すると、4つの影響が生じます。爆発と同時に光の速さで襲来する「放射線」の直接的影響。音速で迫る「超高温」+「爆風」による影響。そして放射性降下物、通称「死の灰」により生じる、放射能汚染による影響です。どの影響に対して「耐える」のかにより、シェルターの構造が変わるのです。

核爆発によりもたらされる影響

放射線
α線 β線 ガンマ線
中性子線

いわゆる「被曝」
即死&長期的影響

＋

電磁パルスで
電子機器も
死ぬ

超高温
数百万度の火球

爆心地付近は
数千度の高温

＋

爆風
強烈な衝撃波

爆心地付近は
秒速 300m にも

＋

破壊された「ガレキ」が
爆風で散弾のように
襲いかかる

死の灰
放射性落下物

雨に混ざると
「黒い雨」

＋

死の灰から
も放射線が
出る

**これら全て or 一部から
身を守るのが核シェルター**

「核爆発」に耐える「地下シェルター」「放射能汚染」から空間を守る「高気密住宅」

　核兵器は「避ける」「逃げる」ことができません。地球上どこにでも撃ち込むことができ、またいつ誰がどこで使用するかがわからないためです。そのため、核兵器への備えを行う場合には「耐える」準備が不可欠となります。

　核シェルターには2つの種類があります。ひとつは核爆発による「放射線・超高温・爆風」を防ぐために設けられる頑丈なシェルターです。これらの影響を回避しやすい「地下核シェルター」が有効ですが、設置や維持に膨大な費用を必要とするため、宝くじに当選した程度では個人で調達することが難しい備えでもあります。

　もうひとつは「空気」を守るシェルターです。核爆発で生じる「死の灰」は、呼吸や飲食で身体の中に取り込むと「体内被曝」をもたらし、大きな影響をもたらします。これを避けるためには外気を直接取り込まない対策が必要で、高性能な空気清浄機を取り付けた高気密空間が必要です。このシェルターは物理的な影響に耐えることは考慮されないため、一般住宅の改造でも準備することが可能です。

目的に応じた２種類の核シェルター

自分や家族がVIPであるか、自宅の隣に軍事・政治的な重要拠点が存在する

近距離影響に耐える

高熱・爆風・放射線全てを防ぐ必要あり

大深度地下シェルター

自宅および近隣に重要施設はなく核爆発の直撃を受けるリスクが低い

遠距離影響に耐える

主に死の灰を防ぐ

地上設置型シェルター

フィルターをつけた家

いずれの場合も最低２週間できれば数か月分の物資の備蓄が必要

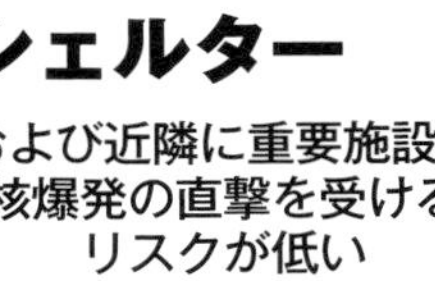

核シェルターに設置されている高性能空気清浄機

与圧された密閉空間に放射能を除去できる空気清浄機を設置することで、核シェルター内部の安全を確保する。写真のタイプは電源・手動どちらでも動作可能。

第4章

災害から「逃げる」

すばやく安全な避難計画

避難すれば命を守れる災害で死なない準備

長靴は水中で脱げるので、浸水時の避難には NG と言われることがあります。ゆるい長靴はその通りですが、ぴったりとした長靴は水中で走っても脱げません。実際に試してみることも重要です。

第4章では、災害から「逃げる」方法についてお話をします。毎年のように「想定外の水害」が生じていますが、実は多くの水害は「ハザードマップ」により想定されています。知らなかった人だけが「想定外」になるのです。

地震予知はできませんが、台風や大雨は「いつ・どこに・どのくらい」の影響が生じるのか予知レベルでわかります。避難すれば助かる災害で命を落としてはいけません。「ちゃんと逃げる」準備を今のうちに行いましょう。

災害から「逃げる」

自宅に留まるか避難場所へ逃げるかを定め避難時に必要な荷物を事前にまとめておく

「死なない環境」を守るための3つ目の方法は、避難すれば命を守ることができる災害で、死なない準備を行うことです。犬は逃げると追いかけてきますが、地形に依存する自然現象はその場を離れれば命を守ることができるのです。

どこにでも生じる大地震の揺れや、台風による暴風の影響は、建物と室内の安全対策で「耐える」対応が必要でした。しかし同じ大地震や台風でも、津波・地震火災・土砂災害・洪水・高潮などの現象は、発生する場所が決まっているため、「逃げる」ことで影響そのものを回避できます。

しかし、安全な場所だからといって冬の屋外へ避難をすれば、条件によっては凍死する恐れがありますし、避難先に留まる場合は生活をするための道具も必要です。避難計画とあわせて、持ち出す荷物の準備も必要になるのです。

素早く安全な避難を行うために「避難計画」と「情報・道具」を準備する

死なないための「避難」を行うには、事前の準備が必要です。大地震が発生した場合、津波や地震火災はすぐに発生する恐れがあります。台風や大雨は事前に警告が出されますが、準備がなければ避難行動をとることはできず、自宅が沈んでから水中で後悔することになりかねません。

まずは自宅周辺で生じる災害リスクを把握し、「なにから、どこへ・いつ逃げるのか」を明確にします。もちろん、災害を「避ける」対策ができていれば、避難すべき災害がほとんどないということもありますが、これは大変よいことです。

一方、避難すべき災害が多い場合は、避難すべき場所・開始のタイミングを定めます。さらに、災害情報を収集するための道具や持ち出す荷物を用意することで、素早く安全に移動を行う環境を準備するのです。

「死なない環境」作り③

災害から逃げる

災害発生時に素早く安全な避難を行うため
避難方針を定め、持ち出す荷物をまとめておく

①想定内の災害から逃げる準備

「ハザードマップ」が存在する自然現象に対して
我が家の「避難方針」を定め、確実に避難を行う準備

②突発災害から身を守る準備と心得

「ハザードマップ」が存在しない局地的現象や
発生を予期することができない事象から避難する準備

③避難時の「情報」と「道具」の準備

避難時に必要な「情報収集・安否確認」の準備
避難と生活を補助する「非常持ち出しセット」の用意

我が家の「避難方針」を定める

「何から・どこへ・いつ逃げるか」を事前に考えるのが、避難方針の策定

災害から「逃げる」ためには、避難に関する方針を定めることが重要です。なんだか難しく聞こえますが、要するに「何から・どこへ・いつ逃げるか」を決めるということです。

まずハザードマップなどを活用して、逃げるべき対象となる災害を把握します。自宅周辺で「沈んだり・崩れたり・燃えたり」する要素がないかを調べる作業となります。

逃げるべき場所は、津波や浸水害であれば高い場所、逆に火災であれば水辺や広い場所学校など、災害の種類ごとに異なります。避難先と道順をハザードマップで調べておきましょう。避難を開始するタイミングは、自分や家族の状況により変わります。赤ちゃんや身体の不自由な方がいれば早めに逃げる必要がありますし、場合によっては車が必要です。

こうした計画を事前に考えておくことが、重要なのです。

■リスクの把握と影響の想定…ハザードマップや目視での周辺確認を行い、自宅に影響をもたらす自然現象の有無と、影響がある場合はその程度を確認。自宅に留まった際に、命にかかわる危険が生じるかどうかを重点的に確認する。

■危険がなければ「待機」…自宅周辺に「沈んだり・崩れたり・燃えたり」する要素が皆無であるか、マンションなどで自宅の「高さ」までは影響が生じない場合は、自宅に留まり災害が収まるのを待つという選択もできる。

■危険があるなら「避難」…自宅に留まると命に危険が生じる恐れがある場合は、事前に遠方へ行く「広域避難」、建物内の高い場所へ行く「屋内安全確保（垂直避難）」、地域の避難場所などへ行く「立退き避難（水平避難）」を実施する。

■避難のタイミングを設定…屋内安全確保や立退《たちの》き避難を行う場合は、避難開始のタイミングを考える。大地震などは発災と同時に避難、台風や大雨の場合は「高齢者等避難」と「避難指示」どちらで逃げるか、家族に合わせて検討をする。

まずはハザードマップを確認!!
リスクの把握と影響の想定を行う

自宅周辺に

沈んだり
崩れたり
燃えたり

する要素が…

なし ▶

①ハザードマップで色がついていない

②色はあるが部屋の高さには影響なし

避難指示が出ても自宅に留まってOK

あり ▼

自宅に留まると命に危険が生じる場合は…

事前に広域避難
旅行へ出かける
自分でホテルへ宿泊

屋内安全確保（垂直避難）
建物内の沈まない
高さへ移動する

立退き避難（水平避難）
親戚知人宅
最寄りの避難場所

避難行動を開始するタイミングは… ▼

警戒レベル3 高齢者等避難
避難に時間がかかる
家族がいる場合

警戒レベル4 避難指示
その他全ての家庭は
避難指示で全員避難

避難の準備：リスクの把握と影響の想定

「ハザードマップ」などを使い自宅周辺の災害リスクを把握する

災害から「逃げる」ためには、そもそも逃げる対象となる自然現象がなんであるかを把握しなければなりません。第2章で解説をした「周辺の災害リスクを自分で把握する（36ページ）」を参考に、自宅が影響を受ける可能性のある自然現象を全て洗い出し、逃げるべき対象を確認してください。

基本はハザードマップの確認です。近年発生する自然災害の多くは、ハザードマップの想定通りに生じており、避難をすれば命を守ることができるのです。もちろん想定外の災害が生じる可能性もありますが、まずは生じる確率の高い、想定されている災害から確実に命を守ることが重要です。

ハザードマップは災害の種類ごとに異なる地図が作製されますので、1種類だけを見て確認を終えるのではなく、自宅をカバーする「全ての」ハザードマップを確認してください。

「沈んだり・崩れたり・燃えたり」する場合自宅に対する「影響度合い」を想定する

ハザードマップで自宅周辺に「色」がついている場合や、その他に何かしらの自然現象が生じると想定される場合でも、まだ絶望しないでください。重要なことは「その影響が生じた場合、命にかかわるかどうか」です。

例えば洪水ハザードマップで、自宅に色がついている場合は「浸水」の可能性があります。もうだめだ……と泣きたくなりますが、まだあわてるような時間ではありません。ここで重要なことは「浸水の深さ」と「自宅の高さ」です。

床上浸水の可能性がある場合、命に危険が生じるため避難をする必要があります。しかし浸水の深さが低いか、マンションなどに住んでおり「自分の部屋」までは水がこない想定の場合、命に危険は生じません。自宅に留まると命にかかわるかどうか、をイメージすることが重要です。

対象リスク ハザードマップ	ハザードマップなどで「色」がついているか 危険が想定される場合の対応	
	木造などの建物 戸建て・アパートなど	**コンクリート製の建物** マンションなど
津波	津波が 2m を超えると建物が破壊される恐れ。想定以上の津波に対応するため、**わずかでも浸水する地域は避難**が望ましい。	建物が破壊される恐れは小さいため、津波の「基準水位（55 ページ参照）」よりも高い部屋に住んでいるか、建物内で避難ができる場合は留まることも可能。
浸水 洪水／高潮 ／内水氾濫	**床上浸水の恐れがある浸水深の場合**と、浸水が長期にわたり**生活が困難になる場合は避難**。浸水深以上の高さに住んでいる場合や、建物内で浸水深以上の場所へ避難できる場合は建物に留まることも可能。	
洪水 家屋倒壊等氾濫想定区域／氾濫流	建物が破壊される恐れがあるため、**避難が必要**。	床上浸水がない場合は建物に留まることも可能。
洪水 家屋倒壊等氾濫想定区域／河岸浸食	土地がえぐられて流出することで、建物の構造にかかわりなく破壊される恐れがある。**避難が必要**。	
土砂災害 がけ崩れ／土石流 ／地すべり	建物が破壊される恐れがあるため、**避難が必要**。	土砂災害に耐えられる作り、かつ影響を受けない高さである場合は留まることも可能。
ため池	床上浸水の恐れがある場合は**避難が望ましい。** ため池が至近の場合は建物破壊の恐れがあるため、**木造などの建物の場合は、浸水深にかかわらず**避難が望ましい。	
地震火災	**火災危険度の高い地域の場合は避難が望ましい。** 余震や他の二次災害に注意しながら、広域避難場所など広い場所への避難を行う。	
噴火	**近距離影響の生じる地域の場合は避難**が必要。 広域影響（火山灰）については状況により判断。	

避難の準備：自宅に留まるか避難をするか

「避難」不要であれば自宅で待機 命に危険が生じる場合は「避難」を実施

避難すべき場所は、災害が想定される状況で自宅に留まった際に、「命に危険が生じる」かどうか、「生活を継続できる」かどうかの判断で検討をします。

自宅周辺に「沈んだり・崩れたり・燃えたり」する要素が全くないか、「自宅の高さ」には影響をもたらさない場合は、自宅に留まることができます。ただし、停電や断水に備えた備蓄品の確保は必須ですし、ライフラインの停止が長期にわたり、生活が困難になりそうな場合は避難が必要です。

一方、自宅に留まると命に危険が生じる可能性がある場合と、生活が困難になる場合は避難が必要になります。自宅の建物が津波・土砂災害・噴火の近距離影響に巻き込まれそうな場合や、自宅の部屋の高さまで浸水が想定される場合などは、命を守るための避難行動が必要です。

■自宅で待機…自宅に留まっても、命に危険が生じるリスクがない場合や、ライフラインが停止しても生活を継続できる場合は、避難不要です。避難指示が発令された場合も、自宅に留まり、何も生じなければそのまま日常へ戻れます。

■事前に広域避難…台風や大雨など、事前に警告が出る自然現象は「遠くへ逃げる」という避難もあります。台風の影響を受けない地域へ旅行に行く、安全な場所のホテルに自分で宿泊をするといった方法もおすすめです。

■屋内安全確保（垂直避難）…浸水害などで、床上浸水の想定だが2階へ移動すれば無事。あるいは建物の上層階へ避難することができる場合などは、屋外ではなく建物内で安全を確保する方法をとることもできます。

■立退き避難（水平避難）…自宅に留まると命に危険が生じる場合、あるいはライフラインの停止が長期にわたり生活が困難になりそうな場合は、安全な避難場所・親戚知人宅などへの避難を行います。場所を確認しておくことが重要です。

「避難先」の種類について

①避難しない（命に危険は生じない）

周囲に「沈んだり・崩れたり・燃えたり」する要素がない、
自宅の「高さ」まで影響を及ぼさない場合は…

逃げない

②避難する（自宅に留まると命か生活に支障）

事前に広域避難
旅行へ出かける
安全なホテルへ宿泊

屋内安全確保（垂直避難）
建物内の沈まない
高さへ移動する

立退き避難（水平避難）
親戚知人宅
最寄りの避難場所

命を守る際には
避難場所へ移動する!!

避難所
生活ができなくなった際
一時的に身を寄せる場所
最寄りの学校など

同一の
場合も
異なる場合
もある

避難場所
命を守るために逃げる場所
災害ごとに場所が違う
屋外の場合もある

台風・大雨の避難と「警戒レベル」

「避難情報」と「警戒レベル」を活用し我が家の避難のタイミングを定めておく

大地震や噴火と異なり、台風・大雨による影響は多くの場合「事前」に警告が出されます。しかし、大規模な災害が想定される状況においては、テレビからアナウンサーの絶叫が響き、スマートフォンもプッシュ通知のアラームが鳴り止まない状況となり、パニック状態に陥る恐れもあります。

このような状況で参考にしたい情報が「避難情報」と「警戒レベル」です。避難情報は自治体（市区町村）から発令される情報で、「高齢者等避難・避難指示・緊急安全確保」の3種類があります。まずはこの情報を参考に、避難行動を開始するタイミングを検討するのがわかりやすいでしょう。

「警戒レベル」は、避難情報とセットになっている1から5までの数字です。避難情報に紐付く気象警報や、具体的にとるべき行動などを紐付けて、整理するために発表されます。

警戒レベル3「高齢者等避難」と警戒レベル4「避難指示」に注目する

警戒レベルは1から5までの5段階ありますが、レベル1・2は防災に対する心構えを高めたり、避難のおさらいをしたりする段階で、重要なのはレベル3以上となります。

警戒レベル3は「高齢者等避難」が紐付いており、「危険な場所から高齢者等は避難」を意味します。もちろん実際には高齢者の方だけでなく、乳幼児・介護者・ペットなど、避難に時間がかかる家族がいるか、自分自身がそう（赤ちゃんや犬猫はこの本を読んでいないと思いますが……）である場合に、行動を開始するレベルです。

警戒レベル4は「避難指示」が紐付いており、「危険な場所から全員避難」を意味します。自宅に留まると命に危険が生じる災害が起こりそうな場合は、この避難指示の段階で行動を開始することが求められます。

警戒レベル3：高齢者等避難

「避難に時間がかかる人」が
危険な場所から避難する段階

防災気象情報
大雨警報、洪水警報、氾濫注意情報、高潮注意報など

これに紐付く気象庁の情報

キキクル（※）のレベル
（危険度分布）
警戒（赤）

これが発令された際にとるべき行動

高齢者の方だけでなく、**乳幼児・妊婦・障がい者・要介護者・ペット**など、**避難に時間がかかると想定される方**が、危険な場所から避難をする段階です。浸水などが生じる前であれば、**自動車などを使って、必要な荷物を持ってゆっくり避難**することも可能です。

特に、**家屋倒壊等氾濫想定区域**や、**土砂災害警戒区域**など、「発生したらすぐにヤバくなる！」地域にお住まいの方は、**この段階での避難開始**が命を守るための行動になります。

その他、いわゆる「**普通に避難する人**」に関しては、避難セットの中身を確認するなど、**避難の準備を整える段階**になります。

「警戒レベル3」は「念のために」出されることもあり、実際には「空振り」となるケースも多くあります。防災的には、「100回の空振りと1回の本番」という表現で、積極的に逃げましょうとお伝えしますが、この段階で逃げるべき方は「避難をすること自体が大変」な方も多く、悩ましいところです。ただ、これを解決する方法はひとつだけ。水害の生じない場所に住むしかないのです。

※キキクル：気象庁による大雨による災害発生の危険度の高まりを地図上で確認できる「危険度分布」の愛称。詳細は137ページ参照

警戒レベル４：避難指示

「自宅に留まると命に危険が生じる人」が
全員避難をする段階

防災気象情報

土砂災害警戒情報、氾濫危険情報、高潮特別警報、高潮警報など（規定はないが「記録的短時間大雨情報」もこのレベル）

これに紐付く気象庁の情報

キキクルのレベル
(危険度分布)

危険（紫）

これが発令された際にとるべき行動

生きとし生ける全ての方が避難を開始する段階です。**自宅の高い場所へ移動**する「屋内安全確保」や、**屋外の避難場所へ移動**する「立退き避難」が具体的な行動となります。

自宅に留まると命に危険が生じる恐れがある地域の場合、避難指示より早く災害が生じることもあります。避難情報に注意しつつ、気象庁の「**キキクル（危険度分布）**」などを使い、自分で避難の判断をすることも求められます。

以前は「避難勧告」という言葉もありましたが、2021年に廃止されました。**避難勧告はもう発令されません、避難指示で行動開始**です。

「避難指示」に法的な拘束力はなく、従わなかった場合も罰則を受けることはありません。しかし、逃げれば助かる災害で死なないための情報を、わざわざ自治体が発表してくれるありがたい仕組みが「避難指示」ですので、どうせなら生かしたほうがお得です。もちろん、現実問題として「避難」とは大変な行為です。しかし前述の通りとなりますが、避難指示のたびに逃げることが大変であれば、引っ越しをするしかないのです……。

警戒レベル５：緊急安全確保

「命の危険、いますぐ安全確保」
もはや“避難”ではなく“死なない行動”の段階

防災気象情報
大雨特別警報、氾濫発生情報など

これに紐付く気象庁の情報

キキクルのレベル
（危険度分布）
災害切迫（黒）

これが発令された際にとるべき行動

死なないための行動が求められる段階です。「Lv3：高齢者等避難」「Lv4:避難指示」には「避難」という言葉が入っていますが、この「Lv5：緊急安全確保」にはもはや避難という言葉すらありません。**文字通り、「緊急」に「安全を確保」するレベル**であるといえます。

ギリギリまで避難開始を遅らせようとする場合、なんとなく「一番上のレベル」を待ちたくなりますが、この段階はすでに安全な避難はできず、目の前で一番安全そうな所へ移動する、というレベルになります。

「Lv5：緊急安全確保」の発令を待ってはいけません
必ず「Lv4：避難指示」までに逃げてください

「避難指示」の後、「緊急安全確保」が出されるまでにどの程度の猶予があるかは、わかりません。大規模な災害につながるような「すごい台風・大雨」が生じている場合、あっという間に危険度が高まることもあり得ます。避難指示は「逃げるかどうかを判断する」タイミングではなく、「避難行動を開始」する段階だと思ってください。緊急安全確保が出た状態は、「詰み」状態となっていることもあるのです。

街の中に安全な場所がない「超大規模水害」について

台風や大雨による水害からの避難は、自分で旅行へ出かけたりホテルへ宿泊したりする方法を除き、原則として「自治体（市区町村）」の中で実施されます。つまり、「自分が住んでいる街の、最寄りの学校などへ逃げる」ことを前提に、様々な計画が立てられています。

しかし、海沿いに広がる「ゼロメートル地帯」などに広がる大都市圏では、安全な場所が足りないという地域があります。街の中の施設全てを活用しても、命に危険が生じる住民全てを収容しきれないということです。この場合、近くにある避難場所ではなく、街の外へ逃げる「広域避難」が呼びかけられる計画も立てられています。

例えば、東京都の東側に位置する江東5区（墨田区・江東区・足立区・葛飾区・江戸川区）では、海抜ゼロメートル地帯にある浸水想定域内に250万人の方が暮らしています。ここで大規模な浸水害が発生すると、溺死をはじめとする直接被害に加えて、2週間以上水が引かない状況による、大規模な災害関連死が生じるリスクが想定されているのです。

事前に街の外へ避難をする「広域避難」を実施する

広域避難が必要になる地域は、東京だけではありません。自宅周辺の水害ハザードマップを見た際に、「あれ、この街って安全な場所なくない？」という地域は平野部の都市を中心に多く存在します。目安としては「浸水区域に数十万人が住んでいる」地域かつ、「浸水継続時間が長期におよぶ」エリアにおいて、広域避難の可能性があります。

広域避難は毎回生じるものではありません。「これまでに経験したことのないような、すさまじい台風・大雨」などによりもたらされる可能性がある、というレベルのものです。しかし、温暖化で台風や大雨被害が激甚化しつつある昨今においては、発生リスクが高まっているといえます。

過去に大規模な広域避難の呼びかけが行われたことはありませんが、発令の準備はできています。具体的には、スーパー台風や記録的な豪雨により、大規模な水害の発生が想定される状況において、予測日の72時間～24時間前に広域避難が呼びかけられる計画です。迅速に避難をしなければ逃げ遅れます、我が家の方針を考えておきましょう。

広域避難で想定される情報の発表と事前に準備をしておきたいこと

［例］72 時間後に「スーパー台風」が接近する可能性あり

72 時間前

該当地域で広域避難に関する検討が開始

避難先の確保や確認、避難時に持って行く荷物の準備などを行います。仕事や学校の都合がなければ、早めに移動を開始したい段階です。広域避難をしない場合は「2 週間以上、周囲が沼のようになった状況において、停電・断水した自宅から身動きできない」ことを想定した備蓄品の確保が必要となりますが、これはかなり厳しい準備です。

48 時間前

自治体から広域避難に関する呼びかけが開始

徒歩･鉄道･自家用車などを使って、浸水しない場所への避難を自力で行います。自治体からの避難バスなどは基本的に出せず（避難者が多すぎて現実的に不可能)、自分で逃げることが基本です。この時点で、近所のスーパーやコンビニは「空っぽ」となり、災害終息後まで在庫が補充されることもありません。3日前時点での初動が勝負です。

24 時間前

自治体から広域避難に関する強い呼びかけが継続

引き続き広域避難が呼びかけられますが、ギリギリまで判断を粘る方々の避難が始まることで、大規模な渋滞などが生じ、自家用車での移動が難しくなる恐れがある他､鉄道も運休を始める恐れがあります。前日まで粘るつもりの場合は、浸水しない地域まで徒歩で脱出することも想定した荷物の準備が必要です。

発災直前

広域避難をあきらめ、最寄りの「高い場所」への移動が呼びかけられる

広域避難が間に合わないと判断される状況では、避難をあきらめ、ハザードマップで想定される浸水深より高い場所への移動が必要となります。実際に水害が生じた場合、救助対象者が多すぎてボートなどによる救助は期待薄です。できる限りの生活物資を、濡れない場所へかき集めるなどの対応が必要です。水道水なども貯められるだけ貯めてください。

東京都江戸川区の水害ハザードマップ
表紙に「広域避難」の促しが掲載されている

大地震の避難と事前避難

大地震による二次災害から逃げるために建物と室内の安全対策を徹底する

事前に避難の呼びかけが行われる、台風・大雨による水害と異なり、大地震による津波・土砂災害・地震火災は突然発生します。しかし、地震の揺れから避難することはできませんが、揺れによる二次災害からは避難が可能です。

大地震による津波・土砂災害・地震火災が想定される地域における、最も重要な避難の準備は「建物と室内の安全対策」です。非常持ち出しセットを準備し、避難場所の確認などを行っていたとしても、大地震の揺れで即死してしまえば意味がないためです。

また、命を守ることができても、建物の倒壊や家具の転倒などが生じると、そもそも避難が行えなくなります。特に津波がすぐに到達したり、地震火災が発生したりする想定がある地域では、素早く家を飛び出すための地震対策が必須です。

揺れ	建物が「旧耐震基準」の場合や、1回目の揺れで被害を受けている場合は、「次」の揺れで倒壊する恐れがあるため、立退き避難を行う。
津波	津波の浸水想定区域に木造住宅がある場合は避難、頑丈な建物の場合も浸水深（基準水位）が部屋の高さを上回る場合は避難が必要。
土砂災害	建物が土砂災害警戒区域・特別警戒区域にある場合は揺れが収まった後に避難。頑丈な建物の場合は個別に判断する。
地震火災	地震火災のリスクが高い場所の場合、避難が遅れると身動きがとれなくなる。早めに広い広域避難場所などへ移動する。

大地震後の避難時は常に「余震」に警戒が必要。今揺れたら「どうするか？」をイメージしながら避難行動を行う。

「南海トラフ地震臨時情報」と「北海道・三陸沖後発地震注意情報」

地震予知を行うことはできませんが、「巨大地震発生の注意を促す」情報については、国から発表される仕組みがあります。これは日付を指定した予知ではなく、「○○の地域において、巨大地震の発生する可能性が、普段よりも相対的に高まっています」という、いわば「お知らせ」です。

種類は2つ、南海トラフ地震の想定域に出される「南海トラフ地震臨時情報」と、千島海溝・日本海溝沿いの地震の想定域に出される「北海道・三陸沖後発地震注意情報」です。過去に発表実績はありませんが、いつでも気象庁を通じて、政府から通知を出す準備が整っています。

「北海道・三陸沖後発地震注意情報」では、巨大地震の前兆が観測された際に、「巨大地震が生じる可能性があるので注意を」という情報が出されます。「南海トラフ地震臨時情報」では、この情報に追加して、大津波が想定される地域に対して、1週間安全な場所へ避難をすることが呼びかけられます。いずれも、地域内の経済活動がほとんど止まることが想定されるため、日頃からの防災備蓄などが必須となります。

「巨大地震」の注意を促す２つの情報

南海トラフ地震の想定域

南海トラフ地震臨時情報

千島海溝・日本海溝沿いの地震想定域

北海道・三陸沖後発地震注意情報

地震予知ではなく…
「○○の地域において、巨大地震の発生する可能性が
普段よりも相対的に高まっています」
というお知らせ

発表時に行いたいこと

- 可能であれば遠方への広域避難
- 家具固定など室内対策の見直しと追加
- 津波などからすぐに逃げ出せる体制で就寝
- 各種備蓄品の点検と補充・追加

火山の噴火と避難について

「噴火ハザードマップ」を参考に「噴火警戒レベル」に従って避難行動をとる

火山の噴火は、予兆なしで突発的に発生することもあれば、前兆現象を伴い事前に警告が出されることもあります。突然噴火が発生し、かつ自宅が噴火の近距離影響を受ける場所にある場合は、文字通り「走って逃げる」というレベルでの避難が必要になりますが、事前に警告が出る場合は水害と同じような避難を行います。

噴火に関する事前避難は、5段階に区分されている「噴火警戒レベル」に従って行います。水害に対する「警戒レベル」と似ていますが別のものです。噴火警戒レベルは火山ごとに内容が異なり、それぞれ「警戒が必要な範囲」と「その時にとるべき行動」がまとめられています。最寄りの火山について、気象庁から噴火警戒レベルが発表された際には、噴火ハザードマップを見ながら避難行動をとってください。

火山灰による「広域影響」からは広域避難か在宅避難で対応する

火山の噴火による影響には、「近距離影響」の他に「広域影響」があります。火山灰が広範囲に降灰することで、停電・断水・交通障害などのインフラ影響が生じる災害です。近距離影響と異なり、噴石や火砕流に巻き込まれて即死する、という物ではありませんが、水害における広域避難と同じように、長期間身動きがとれなくなる恐れがあるため、方針を定めておくことが必要となります。

噴火による広域影響から逃れるためには、地域が火山灰に飲まれて身動きがとれなくなる前に、火山灰の影響を逃れられる地域まで脱出する必要があります。ただ、事例がなく事前の想定が難しいため、「いつでも家を飛び出せる」ようにしておくか、2週間程度「停電・断水・買い物不可」が続いた状況で生活するための備蓄を行うか、で対応をします。

例）富士山の噴火警戒レベル（気象庁・2023年8月時点）

避難すべき範囲・行動や、想定される噴火の状況などがレベルごとにまとめられている。

自宅付近に火山がある場合は、その火山の「噴火警戒レベル」を確認しておく。

平成19年12月1日運用開始

富士山の噴火警戒レベル

種別	名称	対象範囲	噴火警戒レベル（キーワード）	火山活動の状況	住民等の行動及び登山者・入山者等への対応	想定される現象等
特別警報	噴火警報（居住地域）または噴火警報	居住地域及びそれより火口側	5（避難）	居住地域に重大な被害を及ぼす噴火が発生、あるいは切迫している状態にある。	危険な居住地域からの避難等が必要。	●大規模噴火が発生し、噴石、火砕流、溶岩流が居住地域に到達（危険範囲は状況に応じて設定）。 宝永（1707年）噴火の事例 12月16日～1月1日：大規模噴火、大量の火山灰等が広範囲に推積 その他の噴火事例 貞観噴火（864～865年）： 北西山腹から噴火、溶岩流が約8kmまで到達 延暦噴火（800～802年）： 北東山腹から噴火、溶岩流が約13kmまで到達 ●顕著な群発地震、地殻変動の加速、小規模噴火開始後の噴火活動の高まり等、大規模噴火が切迫している（噴石飛散、火砕流等、すぐに影響の及ぶ範囲が危険）。 宝永（1707年）噴火の事例 12月15日昼～16日午前（噴火開始前日～直前）： 地震多発、東京など広域で揺れ
			4（高齢者等避難）	居住地域に重大な被害を及ぼす噴火が発生すると予想される（可能性が高まっている）。	警戒が必要な居住地域での高齢者等の要配慮者の避難、住民の避難の準備等が必要。	●小規模噴火の発生、地震多発、顕著な地殻変動等により、居住地域に影響するような噴火の発生が予想される（火口出現が想定される範囲は危険）。 宝永（1707年）噴火の事例 12月14日まで（噴火開始数日前）： 山麓で有感となる地震が増加
警報	噴火警報（火口周辺）または火口周辺警報	火口から居住地域近くまで	3（入山規制）	居住地域の近くまで重大な影響を及ぼす（この範囲に入った場合には生命に危険が及ぶ）噴火が発生、あるいは発生すると予想される。	登山禁止・入山規制等危険な地域への立入規制等。	●居住地域に影響しない程度の噴火の発生、または地震、微動の増加等、火山活動の高まり。 宝永（1707年）噴火の事例 12月3日以降（噴火開始十数日前）： 山中のみで有感となる地震が多発、鳴動がほぼ毎日あった
		火口周辺	2（火口周辺規制）	火口周辺に影響を及ぼす（この範囲に入った場合には生命に危険が及ぶ）噴火が発生、あるいは発生すると予想される。	住民は通常の生活。 火口周辺への立入規制等。	●影響が火口周辺に限定されるごく小規模な噴火の発生等。 過去事例 該当する記録なし
予報	噴火予報	火口内等	1（活火山であることに留意）	火山活動は静穏。 火山活動の状態によって、火口内で火山灰の噴出等が見られる（この範囲に入った場合には生命に危険が及ぶ）。	特になし。	●火山活動は静穏（深部低周波地震の多発等も含む）。

注1）ここでいう噴石とは、主として風の影響を受けずに飛散する大きさのものとする。

注2）ここでは、噴火の規模を噴出量により区分し、2～7億m^3を大規模噴火、2千万～2億m^3を中規模噴火、2百万～2千万m^3を小規模噴火とする。なお、富士山では火口周辺のみに影響を及ぼす程度のごく小規模な噴火が発生する場所は現時点で特性されておらず、特定できるのは実際に噴火活動が開始した後と考えられており、今後想定を検討する。

注3）火口出現が想定される範囲とは、富士山火山防災マップ（富士山火山防災協議会作成）で示された範囲を指す。


各レベルにおける具体的な規制範囲等については地域防災計画等で定められています。各市町村にお問い合わせください。

■最新の噴火警戒レベルは気象庁HPでもご覧になれます。
https://www.jma.go.jp/

気象庁
Japan Meteorological Agency
令和3年12月

突発的に生じる「避難」行動

「発災」と「避難」が同じタイミングで生じる災害

台風や大雨による被害が想定される場合、数日前から注意喚起が行われ、いよいよとなれば自治体から避難情報が発令されるなど、発災前に様々な情報が出されます。しかし、大地震や火山の噴火、竜巻・ひょう・落雷など突発的に発生する自然現象の発生。また、ミサイルや航空機による空襲、街中で生じる通り魔事件やテロ、さらには建物火災まで、発災と避難が同じタイミングとなる状況も多くあります。

このようなリスクを避けることが難しい場合は、大地震に対する建物対策のような「事前に死なない環境を作っておく」という方法や、「瞬発力で発災と同時に避難をする」といった方法が考えられます。防災というより、サバイバルに関する技術が求められる状況にもなりますが、本書においては「事前防災」で行えることを中心に解説いたします。

「避ける」「耐える」対策に加えて「イメージトレーニング」が重要

「災・即・逃」となる災害から死なない環境を作るためには、こうした災害が発生しないか、発生リスクの低い地域に住む「避ける」対策と、災害の影響を建物で「耐える」準備が不可欠です。しかし、日本中どこにでも生じる突発的な自然現象や人災は避けることが難しく、また自宅で万全な地震対策を講じていても、外出先で大地震に遭遇しては意味がありません。そのため、避ける・耐える準備は大前提として、もうひとつ日頃から行っていただきたい対策が「イメージトレーニング」なのです。

突発的に生じる災害は、避難時に時間的な余裕がほとんどありません。「今この瞬間に警報が出たら」「突然目の前で危険が生じたら」どう行動するか、これを日頃から考えて蓄積することが、重要な事前対策になります。

事前察知ができず、どこにでも生じるリスク
察知した瞬間に避難行動をとることが重要

大地震・緊急地震速報	弾道ミサイル・Ｊアラート
落雷・ひょう・竜巻	テロ・通り魔事件

今この瞬間に発生したら
どのような行動をとるか？のイメージが重要

緊急地震速報が鳴ったら…	目の前の机の下に潜ろう… 車のハザードランプ点けて減速しよう…
カタカタとした揺れを感じたら…	トイレのドアをバーンと開けよう… 浴槽の中で洗面器をかぶろう…
Ｊアラートが鳴ったら…	廊下に移動してしゃがみ込もう… そこにある地下鉄の階段を降りよう…
ひょうが降ってきたら…	急いで建物の中に走り込もう… 車の中に入って身を小さくしよう…
街中で爆発音が聞こえたら…	スマホをつかんで、廊下に出て、 しゃがんで頭を守ろう…

「今」「ここで」「これが」生じたらどうするか？
イメージを毎日の通勤・通学・外出時に
少しずつ蓄積!!

「緊急地震速報」大地震の揺れを事前に察知できる唯一の仕組み

「緊急地震速報」は、大地震により現在地が強い揺れに見舞われる恐れがある際、直前に地震発生を知らせてくれる「速報」です。足下で生じる直下型地震の場合は、通知が間に合わないこともありますが、海溝型地震のように現在地と震源地が離れている場合は、間に合う可能性もあります。緊急地震速報はテレビやラジオ、スマートフォンなどで受信できますが、後述する「防災アプリ」をスマホにインストールしておくことで、より確実に受信をすることができます。

緊急地震速報に対する事前対策の原則は、自宅のどこで大地震に見舞われても即死しないよう、建物と室内の安全対策を徹底することです。家中全てが難しい場合は、玄関や廊下などに転倒物や落下物のない「安全ゾーン」を整備しておき、「緊急地震速報が鳴った際に逃げ込む場所」を作っておく方法もあります。また、外出先における事前対策としては、日頃からのイメージトレーニングが重要になります。毎日の通勤・通学時、1日1回で構いません、今この瞬間に地震が発生したら「どう行動すれば安全か」を考えてみてください。

緊急地震速報が鳴った!!
カタカタと揺れを感じた!!

その瞬間に走って逃げ込める
「家の中でココだけは安全」
という場所を事前に準備しておく

玄関周り　**廊下**　**寝室**

日頃から家中を安全ゾーンにすることが理想ですが、難しい場合はどこかの空間だけでも対策

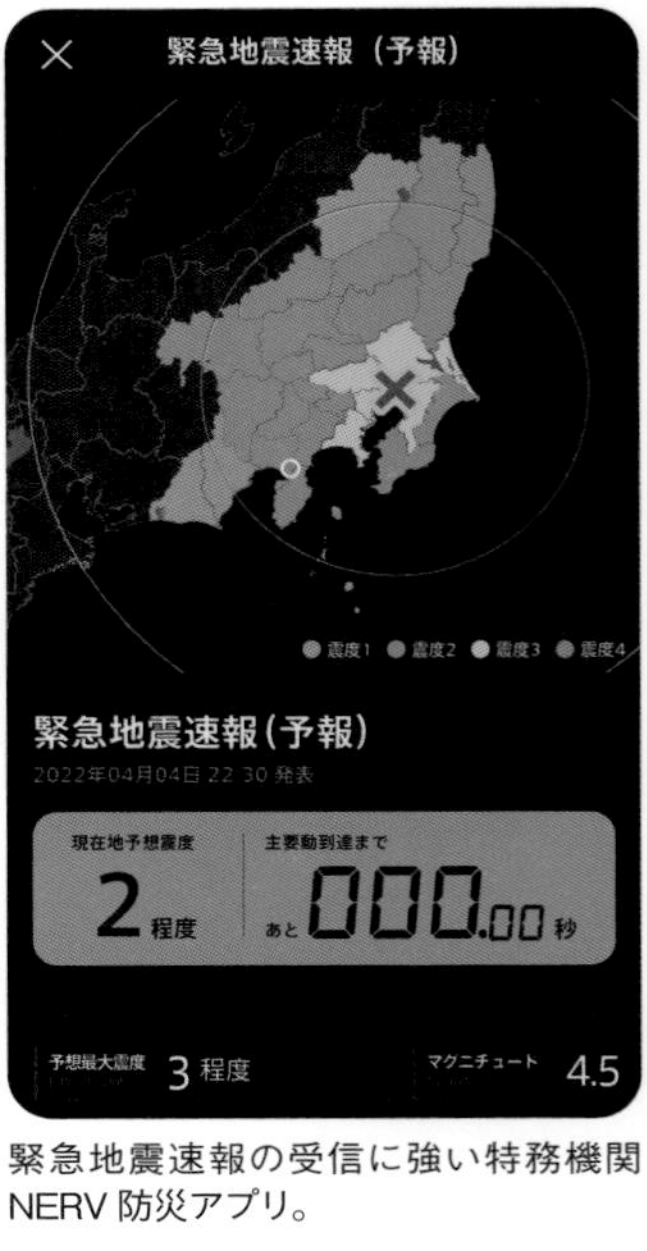

緊急地震速報の受信に強い特務機関NERV防災アプリ。

「Jアラート」による弾道ミサイル情報
最悪の人災を事前に察知できる仕組み

「Jアラート」は、「対処に時間的余裕のない事態」に関する情報を、国から住民へ直接かつ瞬時に伝達する仕組みです。緊急地震速報や津波警報なども配信されますが、一般的には「弾道ミサイル情報」などを受け取る仕組みと捉えられており、実際何度も北朝鮮からのミサイル発射を知らせる警報が出されています。Jアラートはスマートフォンなどへの通知の他、街中にある防災行政無線からのサイレン音や自動音声で発表を知ることになります。

弾道ミサイルに対する事前対策は、「弾頭」が通常弾頭か核弾頭かによっても変わりますが、どこにでも生じる大地震と異なり「狙われやすい場所」はある程度決まっていますので（第2章・66ページ参照）、「避ける」方法も考慮してください。しかし、逆に大地震と異なり「耐える」ことは難しいため、Jアラートが鳴った際には「最寄りの頑丈な建物・地下」へ避難し、「窓ガラスの見えない場所で身を伏せる」ことが重要です。壁一枚・頭一個分、「爆発の衝撃」から身を守ることが、生死を分けることもあるのです。

弾道ミサイル落下時の行動

爆風や破片・割れたガラスなどを
避ける行動

屋外にいる
地下または
建物の中へ

建物がない
陰に身を隠す
地面に伏せる

屋内にいる
窓の見えない
場所へ移動

**Jアラートの受信から「着弾」まで
猶予は数分程度です**

**核ミサイルの直撃でも受けない限り、
壁1枚の厚み・頭1個分の低さを
得ることが命を守る行動に
つながります**

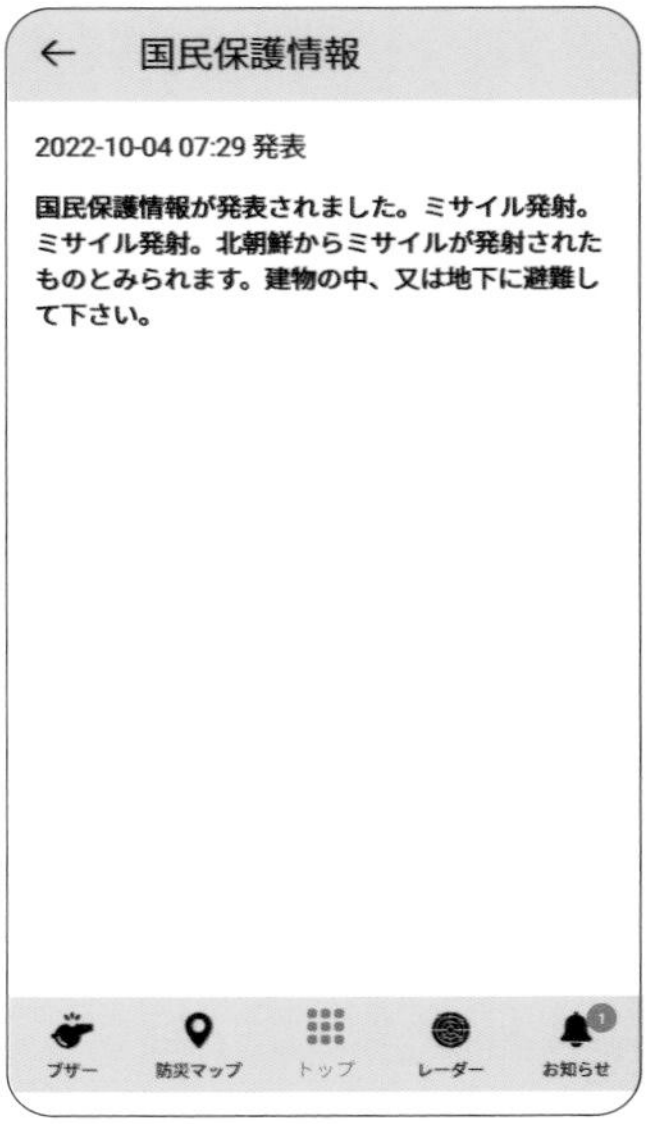
国民保護情報
2022-10-04 07:29 発表
国民保護情報が発表されました。ミサイル発射。ミサイル発射。北朝鮮からミサイルが発射されたものとみられます。建物の中、又は地下に避難して下さい。
ブザー
防災マップ
トップ
レーダー
お知らせ

スマホアプリなどでJアラートを受信しても、得られる情報はほとんどないため、結局の所「避難」が唯一の行動になる。

突然の「ゲリラ豪雨・ひょう・落雷・竜巻」「積乱雲災害」は建物への避難で回避する

事前察知の難しい気象現象が「突発的な積乱雲の発生による現象」です。かなとこ雲・雷雲・入道雲などの別名を持つ巨大な「積乱雲」は、ゲリラ豪雨・ひょう・落雷・竜巻などの現象を「局地的・短時間」に、まとめてもたらします。事前の発生予測は難しいのですが、スマートフォンアプリによるプッシュ通知などで、発生を知ることはできますので、「察知・避難」を行うことは可能です。

ゲリラ豪雨による急激な浸水、ひょう・落雷・竜巻は、屋外で直撃を受けると命にかかわりますが、大地震や弾道ミサイルと異なり、建物の中に逃げ込めば一般の家屋であっても安全を確保できます。どうしても逃げ込める建物がない場合、ゲリラ豪雨による浸水はより高い場所へ、ひょう・落雷については自動車などの中へ、竜巻については少しでも現場を離れることが重要となります。

なお、ひょうが降ってきた際、自動車を守ろうとして車にダンボールや毛布を被せに行くのはやめてください。大きなひょうの場合は車の前に自分が死んでしまうためです。

積乱雲は自然現象のフェス
自然災害につながる現象が
短時間にまとめて生じる

ゲリラ豪雨　**ひょう**　**落雷**　**竜巻**

積乱雲はこれらを同時に生じさせます

いずれかが生じた際には、他の現象も追加で生じるかも？
そう考えて「建物の中へ避難」をしてください

安全な場所へ避難すれば
積乱雲は「自然現象」
のショータイムに

屋外で直撃を受ければ
積乱雲は「自然災害」
をもたらす災厄に

街中での「火災・テロ・通り魔事件」は率先避難者となり危険から遠ざかる

職場や学校で「非常ベル・非常放送」が鳴ったらどうしますか。街中で悲鳴や爆発音が聞こえたらどのような行動をとるでしょうか。「誤報か訓練じゃないかな」「たぶん自分は大丈夫」と考えて何もしないか、スマートフォンで写真や動画を撮る、という方が多いのが現実です。

人間による悪意は、防災対策の想定を超えます。テロや通り魔事件を、予見したり避けたりすることはできません。最新の建築基準法や消防法に準拠した建物であっても、ガソリンを用いた自爆テロによる火災には対処できません、そもそもが想定外なのです。事前防災が困難である事件に対しては、発生時に素早く避難することが命を守る対策となります。

建物の中や街中で異変を感じた際、非常ベル・悲鳴・爆発音を聞いた際には、自分が「率先避難者(※)」となり、できるだけ素早くその場を離れることが重要です。自分がフル装備のレスキュー隊員でない限り、できることはありません。人命救助なども重要ですが、それは自分の身の安全を確実に確保してからです。まずは逃げてください。

既存の法律や防災対策では対処することができない人間の悪意

建物内でのガソリンによる自爆
火災対策をしてもガソリン自爆テロには対処できない

群衆を狙った手製爆弾でのテロ
格闘技を極めても爆発物には対処できない

無差別に生じる通り魔殺傷
突発的な事件を事前に予見・察知することはできない

「非常ベル・非常放送」「悲鳴・爆発音」などの異変を感じ取った際にひとり目の率先避難者になることが重要です

※率先避難者：緊急時、周囲に避難を呼びかけつつ、自ら率先して避難する人。

避難時の「情報収集・安否確認」

避難時の「情報収集・安否確認」は命を守る行動として重要

災害の状況は刻一刻と変化します。避難開始時に安全だった場所が危険な状況になったり、逃げ込んだ先が時間経過と共に危ない場所へ変わったりすることもあり得ます。常に最新の情報を収集し、「現時点における安全な場所」を把握することが、死なないための行動として重要です。

情報収集の方法としては、テレビやラジオを使った、広域情報の収集。スマートフォンやパソコンを使用した、ピンポイントなエリア情報の収集。スマホアプリのプッシュ通知による、現在地の防災情報通知などが活用できます。

また家族と離れている場合は、安否確認や連絡を取り合うことも重要になります。家族の安否がわかっても、それが直接自分の生死につながるわけではありませんが、災害時の行動を決めるための重要な判断材料になるためです。

避難時の情報収集と安否確認

命を守るための準備として重要

情報収集

危険な場所の把握
避難先の状況確認

安否確認

家族の状況を把握し
無理な行動を控える

①テレビやラジオを活用した広域情報
②インターネットによる自宅周辺の情報
③スマホアプリのプッシュ通知による防災情報

＋スマートフォンを活用した
家族の安否確認の準備

避難行動時の情報収集には「スマートフォン」と「ラジオ」を活用する

広域の災害情報収集にはテレビが便利です。しかし、「自宅でテレビを見られる状況」であれば、避難が必要な状況には陥っていない可能性も高いといえます。非常時においては、屋外の避難場所や、停電した避難所で使用できる情報収集の手段を確保することが重要であり、そのためには「スマホおよび充電手段」と「小型のラジオ」が必須となります。

停電すると、インターネットの無線LANルーターが止まるため、自宅内でWi-Fi接続が行えなくなります。しかし、4G・5Gなどの「携帯電波」は、基地局がバッテリーや発電器で動作する可能性が高いため、いわゆる「ギガを消費」する形でのインターネットは利用可能です。

しかし、停電が数日以上継続すると、基地局も次第にダウンするため、スマホによるインターネットも利用できなくなります。この状況において最後まで使える可能性が高い機器は「ラジオ」です。乾電池や手回しハンドルで動く小型のラジオを準備し、また自宅のどの部屋でラジオの電波を拾えるか、事前に確認しておきましょう。

ラジオ

ラジオは現代でも重要な情報収集手段、停電時には最後の砦となります。予備を含めて、自宅用と防災リュックに１台ずつ入れておくと安心です。

スマートフォン

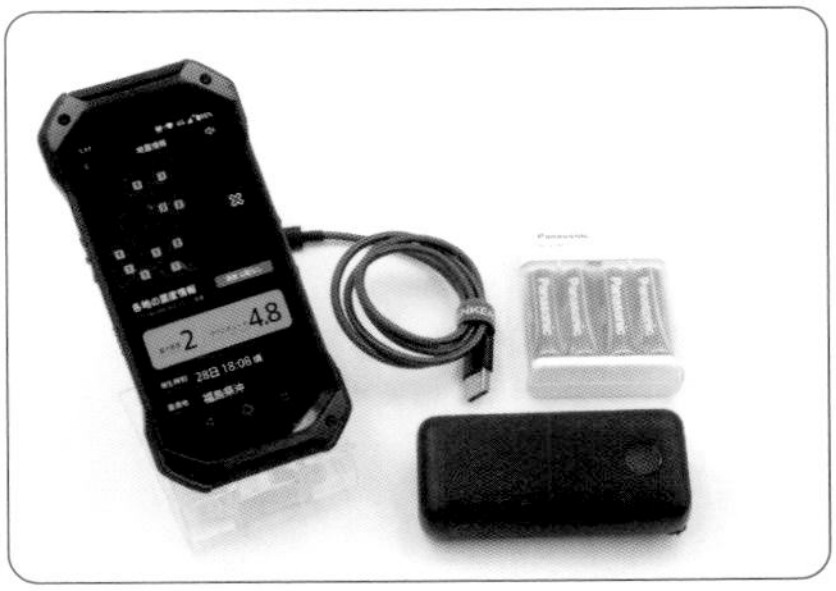

最も進化した防災グッズのひとつが「スマートフォン」です。しかし電池が切れればただの文鎮、予備の充電手段を複数確保しておきましょう。

スマートフォンの「防災アプリ」を活用し
プッシュ通知で災害の不意打ちを避ける

スマートフォンアプリの優れている点は「プッシュ通知」が使えることです。テレビやラジオ、またパソコンのインターネットは「自分から情報を取りにいく」ことが必要ですが、プッシュ通知は「勝手に情報を知らせてくれる」ため、災害による不意打ちを避けることができるようになります。

ここでは、執筆時点において特におすすめのアプリをご紹介します、ぜひ事前にインストールをしてください。いずれも基本利用は無料、課金でより便利になるアプリです。

■ヤフー（Yahoo!）防災速報アプリ…緊急地震速報・津波警報・弾道ミサイル情報など猶予のない情報の他、気象庁の気象警報、自治体の避難情報などを受け取れるアプリ。

■特務機関ネルフ（NERV）防災アプリ…ヤフー防災速報と同じ情報を受け取れる他、緊急地震速報の揺れカウントダウンも受信可能。画面の見やすさにこだわりがある

■ウェザーニュースアプリ…毎日の天気予報から現在地への降雨のお知らせ、台風情報やゲリラ雷雨のプッシュ通知など、気象に関する不意打ちを防げるおすすめのアプリ。

Yahoo! 防災速報［Android/iOS］
https://emg.yahoo.co.jp/

避難情報から熱中症アラートまで、各種の防災情報をプッシュ通知で受け取ることができる。非常時には地図上に投稿された災害情報の閲覧も可能。動作も安定しており特におすすめのアプリ。

特務機関 NERV 防災アプリ［Android/iOS］
https://nerv.app/

情報伝達の速度と画面の見やすさに優れ、通知された情報を確実に閲覧することができる。タイムラインには直近の災害情報が全て表示され、時系列でも理解しやすい。総じて情報が見やすいアプリ。

ウェザーニュースアプリ［Android/iOS］
https://weathernews.jp/app/

高い予報精度に基づく気象情報が得られ、かつ情報を「どのように理解して行動すればよいか」を教えてくれる。気象に関する不意打ちを平時にも非常時にも避けられる優れたアプリ。

※上記の情報は 2023 年 8 月時点のものであり、変更・サービス終了の可能性もあります。
最新の情報は各サービスの WEB サイトなどをご確認ください。

気象庁や国土交通省のホームページで最新の水害情報を入手する

アプリではなくWEBの「ホームページ」を活用することでも、最新の水害情報を入手可能です。まず、気象庁のホームページはそれ自体が、防災情報を収集する優れたツールになっています。自分の街に関する各種防災情報のまとめや、台風・噴火・地震などの情報をいつでも閲覧することができます。ここでは、気象庁・国交省の特に重要なページを紹介しますので、スマートフォンで検索・閲覧し、避難判断などに活用してください。

■キキクル（気象庁）…土砂災害・浸水害・洪水に関するリアルタイムな危険度の高まりを、地図上に示したページです。「自宅周辺」の「現在」の危険度を確認できます。

■川の水位情報（国交省）…自宅周辺の河川に関して、水位の時間推移、ライブカメラによる川の映像などを見ることができます。川を見に行って流されることは避けてください。

■あなたの街の防災情報（気象庁）…気象庁が発表する自宅周辺の災害情報をまとめて閲覧できます。気象だけでなく、地震・津波・噴火情報を得る入口としても使えます。

キキクル（危険度分布）（気象庁）[WEB サイト]
https://www.jma.go.jp/bosai/risk/

台風や大雨で避難の可能性がある場合は必ず閲覧をしたい WEB ページ。市町村単位ではなく「自宅周辺」の「現在」の危険度を地図上で把握できる。危険を認識し早期避難の判断に役立てたい。

川の水位情報（国交省）[WEB サイト]
https://k.river.go.jp/

自宅周辺に河川がある場合に気になる「最寄りの川」の情報を閲覧できる WEB ページ。水位を見れば洪水の危険性をリアルタイムに把握でき、ライブカメラの映像を見れば危機状況を一目で理解できる。

あなたの街の防災情報（気象庁）[WEB サイト]
https://www.jma.go.jp/bosai/

地点登録をした自治体に関する防災情報をまとめて閲覧できるページ。気象警報や雨雲の状況、キキクルもここから閲覧可能。他の気象・地震・噴火情報を見る入り口として活用することもできる。

※上記の情報は 2023 年 8 月時点のものであり、変更・サービス終了の可能性もあります。
最新の情報は各サービスの WEB サイトなどをご確認ください。

スマホアプリやSNSを活用した非常時の情報収集について

災害時の情報収集で問題となるのが「デマ情報」の扱いです。これは昨今に限った話ではなく、例えば1923年の関東大震災時における流言の拡散から、近年SNSで問題になるフェイク映像などの存在まで、時代が変わっても同じような課題が生じています。

災害に関する「実況」については、前述の防災アプリや気象庁・国交省のホームページを閲覧することで、改ざんの余地のない情報を得ることができます。またテレビによる報道なども、取材というフィルターがかけられますのでデマ情報などは出にくい特徴があります。スマートフォンの「NHKニュース・防災アプリ」を活用することで、停電時にも確実な情報を入手することが可能です。

また、X（ツイッター）を初めとするSNSを活用することで、ローカルな災害情報や支援情報を得ることもできますが、こちらはデマや誤情報に注意が必要です。災害に関する情報をSNSで見聞きした際には、自分でその情報を「検索」することで、真偽を確かめることができます。

非常時のデマ情報を見抜く方法

自分から検索をして真偽を確認

「SNS」の情報が得られるということは、
自分のスマートフォンが「インターネット」につながっているはず

流れてきた情報を自分で検索してみましょう

他の報道機関でも同様の情報を伝えている	他の情報が見あたらない あるいは「それはデマです」という情報がある
▼	▼
真実の可能性が高い!!	デマの可能性が高い…

非常時における家族の連絡と安否確認はスマートフォンを中心に行う

避難時に家族と離ればなれになった場合、また仕事や学校などへ出かけているタイミングで災害に巻き込まれた場合などは、家族の安否確認が重要です。家族の無事を確認できれば、各自が安全行動を起こせますが、家族と連絡が取れない場合、無理な行動をしがちになるためです。

災害時には被災地の「電話」に対する通信規制が入るため、固定電話や携帯電話による連絡はできなくなる可能性が高くなります。また災害の規模が大きいと大量の電子メールが送信され、遅延などが生じる恐れもあります。そのため、スマートフォンアプリによる連絡がベストな手段となります。

災害により停電が生じても、スマホの携帯基地局が稼働していれば、インターネットを使用することができます。LINE（ライン）などを使って連絡を取り合うことができますので、日頃から家族グループなどを作り、すぐに安否投稿を行えるように準備をしておきましょう。スマートフォンは、現代の防災対策における最重要道具のひとつです。バッテリーや充電器を必ず用意してください。

column

災害伝言ダイヤル 171 について

災害時の安否確認方法として必ず登場するのが「災害伝言ダイヤル 171」です。固定電話・携帯電話の両方から使える「録音・再生」の仕組みですが、これは現代においても有効な手段なのでしょうか。災害で「携帯基地局」が全てダウンし、公衆電話だけが使える状況であれば、171 は有効です。なお、171 は「電話番号」をキーに録音・再生をする仕組みですので、自宅に「固定電話」がなければ、誰の携帯電話をキーにするか決めておきましょう。

一方、携帯基地局が生きている状態であれば、自分のスマホから 171 への録音・再生が可能です。が、ということは当然ながらデータ通信もできる状況なので、171 ではなく「LINE」を使って安否確認をすればよいことになります。つまり、スマホが使えず 171 だけが使える状況というのは、かなりまれな状況といえます。現代において 171 は、「最初の手段ではなく最後の手段」、またはスマホを持っていない人向けの安否確認手段であるといえます。

「非常持ち出しセット」を作る

「非常持ち出しセット」で「素早く」「安全に」避難を行う準備

避難に関する方針を確認した際、避難場所・避難所などへの「立退き避難」をする可能性が高い場合は、「非常持ち出しセット」……いわゆる防災リュックを作ります。

「防災」といえばまずリュックを作成するというイメージもありますが、これは「ないよりはあったほうがよい」からではなく、「死なない環境」を作るために必要であるためです。

津波、噴火、土砂災害など、察知から自宅への影響までに時間的な猶予のない現象が生じた場合、文字通り一分一秒を争っての避難が必要となります。この時「ライトと水と、そうだ、以前もらった缶詰が確か……」など、ゆっくり荷物をまとめる余裕はなく、状況によっては40秒程度で支度を終える必要があります。非常時にすぐ自宅を飛び出せるようにするため、事前に荷物を用意することが重要なのです。

避難場所まで移動する道具と短期間生活をするための道具を用意

「非常持ち出しセット」には、避難の最中および避難先に到着した後において、「死なない環境」の維持に必要な道具を入れます。具体的には、第1章で解説をした**「①災害の物理的な影響から身を守る道具」「②空気・温度・照明を確保する道具」「③水・食料・トイレ」**の3点です。

しかし、往々にして非常持ち出しセットは大きくなりがちです。例えば水と食料だけでも、3日分をきちんと準備すれば1名分で10キロ・4名分で40キロを超えます。これにその他必要なものを詰め込むと、簡単に数十キロのリュックサックが生まれてしまい、これを背負って逃げるのは多くの方にとって不可能です。何でもかんでも持ち出そうとするのではなく、必要な道具に優先順位を付けて、避難に支障をきたさない範囲で荷物を作ることを意識してください。

非常持ち出しセット
何のために作るのか？

素早い避難

津波や大規模火災など
一分一秒を争う災害時に
素早く自宅を飛び出す
ための準備

▼

荷物が重すぎて持てない
かさばって避難が遅れる
となっては意味がない

死なない環境

屋外の避難場所や
停電した避難所などで
「死なない環境」を
維持するための道具

▼

あれば便利なものよりも
なければ生死に関わる
道具を優先的に用意

①災害の物理的な影響から身を守る道具

②空気・温度・照明を確保する道具

③飲料水・食料・トイレ

▼

この３つの要素をカバーするための道具を
背負った時に走れる重さ
以内で準備することが重要

素早く安全に避難を行う「緊急避難用品」を準備する

まずは避難中・直後に命を落とさないための道具が必要です。大地震の直撃で屋外が危険な状況になっている場合には、物理的に身を守るための装備品が、雨天時の避難であれば雨具が、夜間の移動であればライトが必要です。緊急避難時は「両手を自由にする」ことが重要ですので、カバンは「リュック」が、雨具なら傘よりも「カッパ」が、ライトなら手持ちの懐中電灯よりも「ヘッドライト」がおすすめです。

装備品以外にも、予備のメガネや杖といった身体の一部となる道具、情報収集用品、応急手当セットなど、避難をサポートするための道具も必要です。さらに凍死を回避するために、水濡れ用のタオルと着替え、防寒用品など「温度」を維持する道具も重要になります。

また、リュックはパンパンにせず一部のポケットなどは空けておいてください。避難直前に貴重品や薬などを追加したい場合に、リュックが一杯だと手に持って走り出すことになります。最後に必要なものを追加できるよう、空間にゆとりを作っておくことも素早い避難に重要です。

避難先で「最低3日間」生活をする「避難生活用品」を準備する

無事に避難先までたどり着くことができた後、災害の規模が大きかったり、自宅が被害を受けたりした場合は、しばらく避難先に留まる必要が生じます。どの程度の期間を見込むかは災害の規模や状況にもよりますが、目安としては「3日間」と考えてください。災害発生後、最初の72時間は生存者の生活支援よりも人命救助が優先されること。また被災地への道路が最低限通行可能になるまでに、やはり3日間程度の時間を必要とすることが理由です。

学校などの「避難所」に移動する場合は、生活をするための道具を全て持参する必要があります。台風や大雨などの事前避難で避難者が少なければ、受け取れる物資は多少増えますが、避難者が多い場合に受け取れる物資として期待できる物は、1食分程度の備蓄食とペットボトル水、そして毛布1枚で、これでも「もらえればマシ」な状況です。

避難所は宿泊施設ではありません。「屋根と床」以外は持ち込むという意識が必要です。水や食料だけでなく、寝袋やマットなど寝るための道具も必要になる場合があります。

リュックサック

避難時に両手をあけるため、入れ物はリュックサックを選び、「背負った際に走れる重さ」を上限として、以下に記載するアイテムを入れてください。

- 玄関に置いても嫌にならないデザインの物を選ぶ
- 日頃は行事やレジャーで使用してもよい
- 防水が望ましいが、荷物を防水袋に入れても OK

［優先］個別用品・身体の一部

メガネ、コンタクト、補聴器、杖、ストーマ装具、医療器具の予備バッテリー、持病の薬、お薬手帳、赤ちゃん用品、介護用品、ペット用品など。

- 避難所ではもらえないが我が家には必須なもの
- ないとそもそも生活が成り立たない物を入れる
- リュックに入れる他、備蓄品としても確保する

［優先］身を守るための装備品

レインウェア上下、LED ヘッドライト、ホイッスル、安全グローブ、踏み抜き防止インソール、ヘルメット、防じんゴーグル、防じんマスク、防煙フードなど。

- 雨具は超重要、防寒具にもなるので必須
- ヘッドライト・グローブ・インソールもできれば準備
- ヘルメットがかさばりすぎるなら頭巾や帽子で代替

［優先］情報収集の道具

ラジオ、スマホ充電器、乾電池スマホ充電器、予備電池、充電ケーブル、電源タップ、ハザードマップ·地図、ペン、メモ帳、薄型ルーペなど。

- ラジオ・スマホ充電器・予備電池は最重要
- スマホを買い換えたら充電グッズの適合を確認
- 電子機器類は頑丈なケースに入れて守る

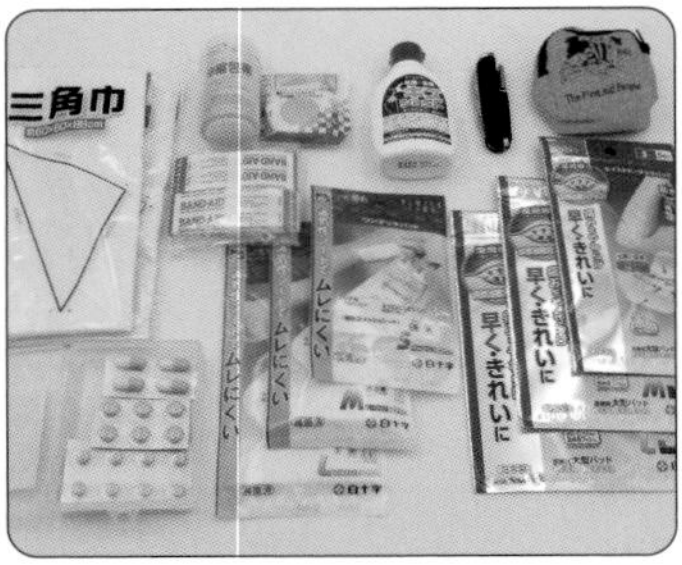

[優先] 応急手当の道具

ばんそうこう、傷パッド各サイズ、三角巾、包帯・テープ、消毒薬、マルチツール、常備薬、人工呼吸マウスピースなど。

●多目的に使える三角巾、使いやすい傷パッド
●日常で使う救急セットをかねて用意すると楽
●その他、持病・慢性疾患にあわせてセレクト

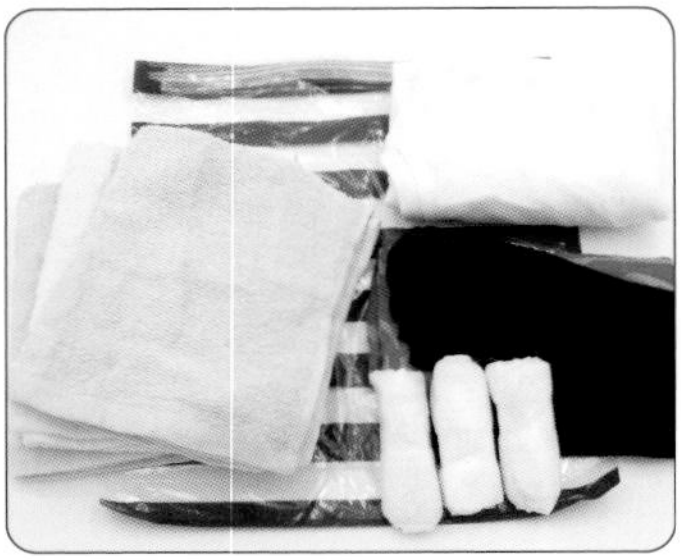

[優先] 着替え・水濡れ対策

タオル大小、肌着一式、替えの着替え１回分。※雨天避難時に濡れたままだと凍死する危険性があるため、袋に入れた着替えを必ず１回分は持ち込む。

●水に濡れないよう袋に入れて防水する
●最低１回分の着替えは必須、それ以上はかさばるため、食品とあわせて別のバッグに入れるとよい

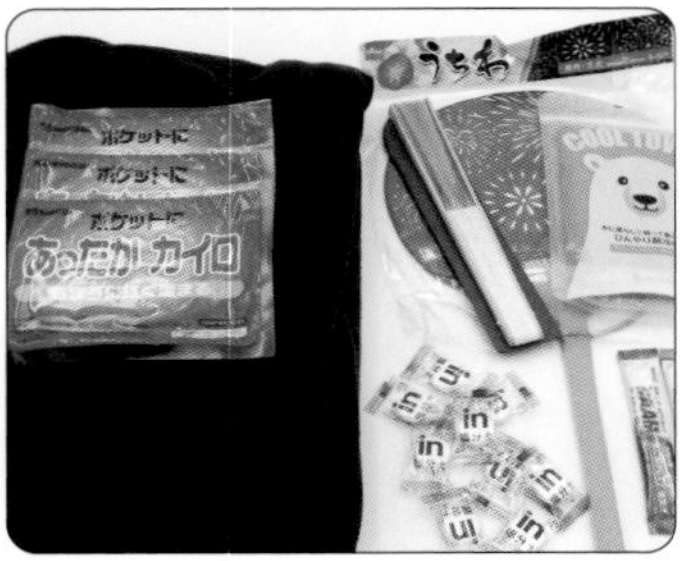

[優先] 暑さ・寒さ対策の道具

上着・追加の防寒着、帽子・手袋・厚手の靴下、使い捨てカイロ、うちわ・扇子、冷涼タオル、スポーツドリンクの粉、塩分タブレットなど。

●夏用・冬用、季節ごとに入れ替えれば半分になる
●熱中症対策用の塩分補給食品が欲しい
●防寒用品はかさばるので、身につけても OK

現金・貴重品管理用品

現金（小銭·1000 円札を多めに)、家族の写真·連絡先メモ、免許や保険証コピー、レンズ付きフィルム、避難所用のミニポーチなど。

●電子マネーが使えなくなるので現金を用意
●片付けや復旧の前に、被害状況の撮影が必要
●空き巣が喜ぶため避難直前にリュックへ入れる

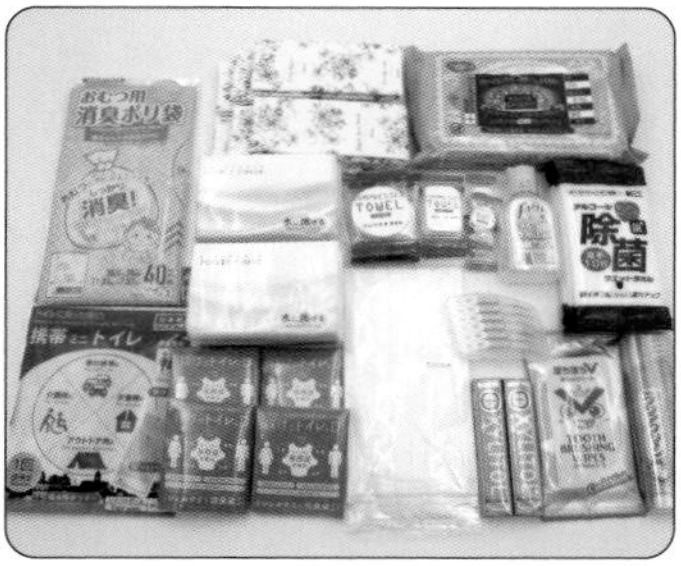

衛生管理の道具＋携帯用トイレ

生理用品、紙下着、歯みがき用品、ウェットティッシュ、圧縮タオル、除菌スプレー、不織布マスク、ドライシャンプー、非常用トイレ、トイレ紙など。

●誤嚥性肺炎防止のため、オーラルケアは重要
●食中毒や感染症対策として消毒グッズも入れる
●水を節約するため、ウェットティッシュがあると便利

寝具・プライバシー確保の道具

寝具（寝袋・圧縮毛布）、アルミブランケット、簡易エアマット、レジャーシート、アイマスク・耳栓・エア枕、頭を隠せる帽子、ヘアゴムやメイク道具など。

●避難所で使用する「寝る道具」は持参する
●敷物は必須、エアマットがあると快適性が向上
●顔や頭を隠すための帽子やマスクなども重要

生活用品・日用品

ランタン・予備電池、室内用スリッパ、各サイズの袋・防臭袋、ビニール風呂敷、裁縫セット、文具各種、テープ・輪ゴム・ラップ、ミニトートバッグなど。

●ビニール袋は多目的に使えるので多めに準備
●頑丈なスリッパがあると安全度が高まる
●間違え・盗難防止に袋と名前書き用マジックを準備

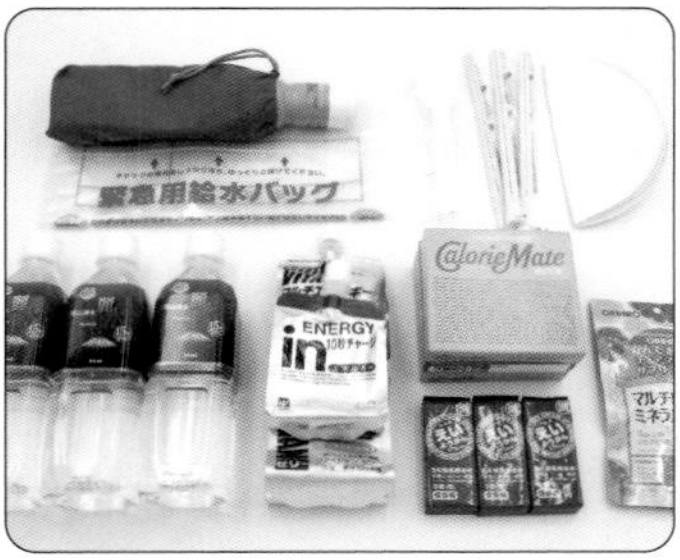

飲料水と食料品

ペットボトル水、携帯用浄水機、給水バッグ、ゼリー飲料、栄養補助食品、常温でそのまま食べられる非常食、サプリ、割り箸や紙皿など。

●常温でそのまま食べられ、匂いの少ない物を選択
●避難所で不足する栄養素はサプリで補えるように
●アレルギーを持つ家族の食べ物は多めにする

「小さな避難リュック」と「大きな生活用バッグ」に分けて作る

非常持ち出しセットを準備する際、大きなリュックやバッグを使用すると、アレコレと大量のグッズを詰め込みたくなります。しかしこのセットの目的は「素早く避難」をすることにあります。「重すぎて持てなかった」「荷物がかさばり避難が遅れた」では意味がないどころか逆効果なのです。

そこでおすすめの方法が、非常持ち出しセットを2つに分けることです。ひとつは緊急避難用品を中心に小さくまとめた、走れる重さの「小さな避難リュック」。もうひとつは、避難生活用品を中心に必要な物を全て入れた「大きな生活用バッグ」です。

津波や目の前に迫る浸水など、走って逃げないと死ぬという状況においては、小さな避難リュックのみを背負って素早く避難。台風接近時の事前避難や、大地震後に避難所へゆっくり移動する場合には、小さな避難リュックと大きな生活用バッグの両方を持って避難します。なお、小さな避難リュックは玄関の近く置いておき、素早く自宅を飛び出せるようにするとよいでしょう。

避難場所まで「防災散歩」を行い荷物の状態や道中の危険をイメージする

非常持ち出しセットを準備したら、実際に避難場所・避難所まで歩いて移動してみてください。荷物が重すぎないか、ルート上に危険な場所はないかなどをチェックすることができます。毎月実施する必要はなく、数年に1回程度で構いません。ただ、できれば「昼間」「夜中」「雨の日」など、条件を変えて「防災散歩」をしてみると、足りない道具や気づかなかった危険箇所を見つけることができます。

「小さな避難リュック」が重すぎる場合は、楽に背負って走れる重さまで量を減らす必要があります。「大きな生活用バッグ」が重すぎる場合は、量を減らすか、あるいは自動車を使った事前避難をするかなど、避難のタイミングを変えることでも対応できます。

また、ルート上に大地震で倒壊しそうなブロック塀や古い家屋がある場合。大雨で浸水しそうな箇所や危ない用水路がある場合は、移動経路を変更したり、夜間の避難を避け日中に移動を完了することなども検討できます。防災散歩で、避難時のイメージトレーニングを行ってください。

非常持ち出しセットを2分割する

小さな避難リュック

走って逃げる際に持ち出す

身を守る装備品や
空気・温度・照明を
確保する道具をメインに

大きな生活用バッグ

事前避難時に車で運ぶ

避難先で生活をするための
水・食料・着替え・寝具
などをメインに

これらの荷物を持って

避難場所まで防災散歩

荷物の状態や道中の危険をイメージする

荷物が重すぎないか？
段差を越えられるか？
ブロック塀や倒壊しそうな建物はないか？
浸水時に危険な側溝や用水路はないか？

第5章

災害を「しのぐ」

在宅避難とインフラ代替の準備

インフラ停止によりジワジワと死なない準備

災害による影響は「物理的な脅威」だけでなく、「寒さ暑さ」ももたらします。インフラが止まる状況では、現代文明の恩恵は受けられません。「電気を使わない」生活手段を用意しておきましょう。

第5章では、災害を「しのぐ」方法についてお話をします。日本の慣習に「有事の際にはトイレットペーパーを買い占める」というものがあります。物に困らない生活を失う恐怖というものは、思っているより強いようです。

停電や断水は災害時に特有のものではなく、理由なく突然発生します。人口減社会に突入し、全体として余裕を失いつつある日本においてはなおさらです。防災備蓄品を準備できるのは、平時の間だけです。今のうちに行動しましょう。

災害を「しのぐ」

自宅でインフラ回復を待つ在宅避難準備と被災地外・避難所生活の準備を行う

「死なない環境」を守るための4つ目の方法は、インフラ停止時にジワジワと命を落とさないための準備をすることです。被災生活による災害関連死、および大規模なインフラ停止に伴う凍死や餓死などを回避するために、防災備蓄などを事前に行う必要があります。

災害を「しのぐ」ためには、停電・断水・物流の停止などインフラが止まっている状況において、生活を継続するための準備が必要です。「防災」といえば飲料水と食料の備蓄というイメージもあり、災害をしのぐためには確かにこのような備蓄品が必要になります。ただし、この場合の水や食料は「ないよりはあったほうがよい」程度の準備ではなく、「ないと死ぬ恐れがある」状況を回避するための手段です。命を守る対策として備蓄を考えてください。

インフラ停止への「耐性」は人により変わるがひどい状況への備えは誰にとっても必須

災害を「しのぐ」ための重要性は、「人」「家族」の状況によっても変わってきます。

短期間の停電は、多くの方には命にかかわる問題となりませんが、在宅医療器具を使っている方には生死に関わる問題となります。夏や冬の避難所生活、若く健康な方であれば「大変だった」で済むかもしれませんが、75歳以上の高齢者の場合は命にかかわることも。インフラ停止時の「大変度合い」は、自分と家族の状態により大きく変わるのです。

一方、真冬に大規模な停電が発生し、1週間にわたり電気を使った暖房器具を使えなくなったり、ひどい感染症パンデミックが発生し、2週間にわたり食料品の入手ができなくなったり、という状況が生じれば、老若男女の区別なく命に危険が生じます。「しのぐ」準備は誰にでも必要です。

「死なない環境」作り④

災害をしのぐ

自宅でインフラ回復を待つ在宅避難準備と
被災地外・避難所生活の準備を行う

災害および突発的な影響で発生する
停電　断水　流通の停止
インフラの停止で生じる生命の危険

災害関連死

不便な被災生活による
高齢者等の関連死の発生

屋外避難の危険

備蓄がないことによる
無理な屋外移動の発生

↑

被災地外へ避難

発災前後に被災地
の外へ一時避難

避難所で生活

地域に開設される
避難所に身を寄せる

自宅で在宅避難

自宅に留まりインフラ
回復まで生活を行う

3つの避難対策で
インフラ停止を「しのぐ」

インフラ停止がもたらす命の危険

インフラ停止で脅かされる「死なない環境」を構成する要素

災害などの影響でインフラが停止すると、具体的にはどのような「悪い影響」がもたらされるのでしょうか。「死なない環境」を整えるためには、「①物理的に安全な空間」「②空気・温度・明かり」「③飲料水・食料・トイレ」の3要素が必要だとお話をしましたが、インフラが停止することで、これらの要素に影響が生じる恐れがあります。

断水が生じたり、店舗で買い物ができなくなったりすると、飲料水や食料が不足するのはわかりやすいと思います。また停電が夏や冬に生じれば温度を維持できなくなり、照明器具がなければ明かりも失ってしまいます。さらに、停電・断水・道路の破壊は「屋外」を危険な状況にしますが、自宅に備蓄品の用意がないと、この危険な屋外へ出ざるを得ず、これが物理的な危険をもたらすことになります。

1923年9月1日「関東大震災」による避難所の様子

写真は、静岡県三島町（現・三島市）に設けられた避難所の様子。100年前も現在も「広い場所で雑魚寝」の状況は変わっていないことがわかる。インフラが停止した状況では、今も昔もできることは限られる。

インフラの停止がもたらす 死なない環境への脅威とは

死なない環境を構成する３つの要素

①物理的に安全な空間

②空気・温度・明かり

③水・食料・トイレ

インフラ停止で
これらの
要素が失われると
命の危険が生じる

日頃の便利な生活が失われる

電気による快適な環境、高度な医療が失われると
社会インフラに生かされている人が危機に陥る

災害関連死の発生

屋外も危険な状態となる

安全に通行できる道路、整備された街灯、
どこでも買い物ができたりトイレを使える環境がなくなる

屋外移動・徒歩帰宅による命の危険

インフラ停止による危険①
高齢者等に対する「災害関連死」

近年の災害で問題となっている「死因」が「災害関連死」です。災害関連死は、災害による直接的な死ではなく、避難生活中に命を落とすものをいいます。大地震による圧死や窒息死、火災による焼死、浸水害による溺死などではなく、避難所や自宅における在宅避難中に生じる、持病の悪化・衰弱・過労・心労などで命を落とす方が、一定数存在するのです。

2016年に発生した熊本地震では、死者273名のうち、8割に当たる218名が災害関連死で命を落とされました。このうち9割以上は60歳以上となっています。

また、平成最後の年に発生した平成最悪の水害、2018年の西日本豪雨でも、死者304名のうち、3割弱に当たる82名が災害関連死で命を落とされています。

関連死は、現代の災害における主要な死因のひとつになっており、これは地震対策・水害対策などと並べて、個別に対策が必要な「災害リスク」であるといえます。インフラ停止時の環境改善は「死なない環境」として重要であり、防災備蓄は「あったほうがよい」ではなく「ないと死ぬ」対象です。

災害関連死は
現代の災害における主要な死因

災害関連死の原因を簡単にいうと、「被災生活による心と身体の負担」と「医療不足・持病悪化」があげられます。

詳しくは、「災害のショックや恐怖による肉体的・精神的負担」「避難生活における肉体的・精神的負担」「電気・ガス・水道などの途絶による肉体的・精神的負担」「医療機関の機能停止による治療の遅れ・持病の悪化」などがあります。ちなみに、災害が「大地震」である場合は、災害関連死を「震災関連死」と呼ぶこともあります。

このような状況に対処するためには、被災生活における負担をできるだけ軽減したり、医療的な負荷をかけないようにしたりする準備が必要です。被災地の外へ避難する、防災備蓄品をきちんと準備して、避難所や自宅における生活の水準を上げるといった対応になります。

災害関連死は防ぐことができる被害であり、よく「助けられるはずだった命」といわれます。ただし自分や家族を震災関連死から助けるのは、まず自分自身でなければなりません。防災備蓄は自分が死なないための準備として重要です。

近年の災害における主要死因のひとつになっている

インフラ停止による災害関連死

**災害による直接的な影響ではなく
避難生活中に命を落とすのが
災害関連死**

災害の種類	死者・行方不明者の人数		
	総数	死者の内関連死数	関連死の割合
1995 年：阪神・淡路大震災	6,434 人	932 人	14.5%
2004 年：新潟中越地震	68 人	52 人	76.5%
2011 年：東日本大震災	22,318 人	3,794 人	17.0%
2016 年：熊本地震	273 人	218 人	79.9%
2018 年：西日本豪雨	304 人	82 人	27.0%
2019 年：令和元年東日本台風	128 人	31 人	24.2%

**被災生活による心と身体の負担
医療不足による持病の悪化
が関連死をもたらす**

**インフラ停止への備えは
命を守る重要な対策**

数値の出典
内閣府：阪神・淡路大震災教訓情報資料集
新潟県：平成 16 年新潟県中越大震災による被害状況について (最終報)
消防庁：平成 23 年（2011 年）東北地方太平洋沖地震とりまとめ報（第 163 報）
復興庁　東日本大震災における震災関連死の死者数（令和 5 年 3 月 31 日現在調査結果）
熊本県：平成２８（２０１６）年熊本地震等に係る被害状況について【第 339 報】
九州産業大学建築都市工学部研究報告第 4 号「2015 年から 2019 年の風水害における災害関連死の特徴ー新聞記事をもとにー」

インフラ停止による危険②
無理な外出・避難による危険の発生

インフラの停止による、災害関連死と並ぶもうひとつのリスクが、無理な外出や避難により危険が生じることです。

大地震や暴風に耐えられる家に住んでいるならば、津波・土砂災害・地震火災・浸水などが自宅の周囲で発生していない限り、避難場所などへ移動するよりも、自宅に留まったほうが安全である可能性が高いです。そのため、災害を「避ける」「耐える」準備が重要だとお話をしました。

大地震で物理的な被害が生じていたり、水害により周囲が浸水したりしている状況においては、屋外へ出るということがそのまま危険を意味します。余震による建物倒壊や落下物に巻き込まれたり、水没箇所に転落したり、火災や群衆雪崩に巻き込まれたりと、様々なリスクがあるからです。

そのため、周囲の状況が落ち着くまで外出を控えることが、二次的な被害に巻き込まれないための対策になるのですが、自宅に備蓄品などがない状態で停電・断水などが生じると、生活物資を調達するため、外へ出なければなりません。これがインフラ停止による、もうひとつの危険です。

帰宅困難時の「徒歩移動」は
途中で死ぬ可能性があるため避けるべき

外出による危険は「自宅」で災害に巻き込まれた場合に限られず、外で被災をした場合にも問題となります。近年、大都市圏で課題となっている帰宅困難の問題です。

2011年の東日本大震災や、2018年の大阪府北部地震では、多くの鉄道が運休したことから、被災地以外でも大勢の帰宅困難者が発生し、多くの方が徒歩で移動を行いました。一方、いずれの地震も都心部は直接的な被災をまぬがれたため、「鉄道」以外は正常であり、電気・水道・トイレ・通信などはおおむね普段通り使用することができました。

しかし、こうした大都市を大地震が直撃をし、屋外が危険な状態になった場合、徒歩帰宅には大きなリスクを伴います。つまり、「ヘタに歩いて帰ろうとすると途中で死ぬ」のです。

また、100万人単位の徒歩帰宅者が道路を埋め尽くすことで、緊急車両なども通行ができなくなり、被災地における初期の救助・消火活動などに大きな問題をもたらします。

そのため、都市部の企業などは3日分程度の備蓄を行い、従業員を危険から守る準備をしています。

インフラ停止は被災地を2重の意味で危険にする

大地震の揺れで生じる直接的な二次被害

ガレキ落下物
道路は破壊され、余震が生じるたびに頭上から落下物が生じる恐れ。

地震火災
火災旋風（炎の竜巻）を伴う、大規模な延焼火災の発生。

群衆雪崩
通行できるわずかな空間に徒歩帰宅者が押しかけ、圧死者の発生。

×

インフラの停止がもたらす間接的な二次被害

街灯なし
停電すれば夜間の明かりは失われ、安全行動をとることができない。

買い物なし
店舗も被害を受けるため、途中で水や食べ物を買うこともできない。

トイレなし
断水が生じればトイレも使用できなくなり、衛生環境が最悪な状態に。

災害による直接的な影響に、
インフラ停止による間接的な影響が加わることで
市街地の徒歩移動が危険な状態に

備蓄がないから避難所へ調達に行く
▼
道中で死ぬ恐れ

鉄道が止まったため歩いて帰宅する
▼
道中で死ぬ恐れ

災害を「しのぐ」3つの対策

インフラ停止から命を守る「3つの避難」の準備

ライフラインが停止している状況において、「災害関連死」や「外出時の被害」を防ぐために、どのような対策が必要でしょうか。ポイントは「3つの避難」の準備です。

ひとつは「被災地の外への避難」、日本列島が沈没するような状況でなければ、災害の影響をまぬがれている地域があります。そこへ発災前・発災後に一時避難をする方法があります。

もうひとつは「避難所への避難」、自宅が被害を受けて危険な状況であれば、地域に開設される避難所へ身を寄せます。ただし衣食住は全て持参し、避難所運営にも参加です。

最後は「在宅避難」、被災地の外への避難は難度が高く、避難所における生活は災害関連死につながります。そこで、十分な備蓄品を確保した上で、自宅でインフラが回復するまで被災生活を送る方法があります。これが在宅避難です。

インフラ停止は避けられないが備えることで影響を最小化できる

自然現象には、日本中どこにでも生じる大地震や暴風など避けられないものと、発生する場所が決まっている津波・洪水・土砂災害・噴火など避けられるものがあるとお話ししました。「インフラの停止」という「災害」は避けることができません。大地震や水害など物理的な影響の直撃を受けた場合はもちろんですが、遠方の災害による広域停電に巻き込まれたり、設備の老朽化に伴う突発的な発生に「我が家だけ」巻き込まれたりする恐れがあるためです。

しかし、自然現象をなくすことはできませんが、インフラは人間が作り出したものですので、備えることで影響を最小化することができます。防災対策において「備蓄」が重要とされるのは、必ず必要となり、そして備えれば効果があるからです。災害を「しのぐ」準備を行いましょう。

災害関連死と外出時の被害から命を守る
災害を「しのぐ」3つの避難方法

①被災地外への事前・事後避難
発災の前後に被災地の外へ一時避難をする
ホテルや知人・親戚宅にあたりをつけておく

②避難所における被災生活
地域に開設される避難所に身を寄せる
避難所へ持参する衣食住に必要な道具を準備する

③自宅に留まる在宅避難
自宅に留まりインフラ回復まで生活を行う
ライフラインや生活物資を補うための備蓄を行う

column

「ペットを守る準備」は日本のスタンダードな対策

実は日本は「子ども」より「ペット」の数のほうが多い国です。2022年時点で、日本の子どもの数（15歳未満人口）は1465万人です。一方、国内で飼育されている犬と猫の数は1589万頭（ペットフード協会調べ）と、子どもの数よりもペットの数のほうが多いのが直近の状況です。ペットのいる家庭において、ペットは家族です。ペットの命を守る対策は、少数派ではなく主要な準備であるといえます。

一方、インフラが停止している状況において、ペットを伴う避難所生活は厳しく、できるだけ在宅避難をすることが望ましいといえます。しかし、非常時における支援はまず人間に対して行われますので、我が家のペットが必要とする物資の準備は、飼い主の……あるいは、家長の責任としてきちんと行わなければなりません。

自宅に水槽やアクアリウムがある場合、停電は命の危険に直結する。この場合は停電対策が「ペットを死なせない対策」となる。
写真：Alamy/ アフロ

対策①被災地から一時的に離脱する

「事前避難」発災前に想定被災地から避難をする

災害を「しのぐ」ひとつ目の方法は、被災地を一時的に離脱することです。「しのいでいないじゃないか」と思われるかもしれませんが、災害をしのぐ目的は「インフラ停止状態で死なない」こと。インフラが正常である地域に避難できるならば、それが一番よいのです。

タイミングは発災前・発災後ですが、もちろん望ましいのは発災前です。突発的に生じる大地震を避けることは難しいですが、台風や大雨、火山の噴火などについて事前に警告が出た場合や、スーパー台風による広域避難、南海トラフ地震臨時情報が出た場合も事前避難を行うことができます。

発災前ならばインフラは正常ですので、鉄道や自動車を使って、落ち着いて移動することができるのも利点です。持病などを持っている方には、ぜひ検討いただきたい方法です。

台風の直前に「進路と反対方向」へ旅行に出かけるのも、事前の広域避難

とはいうものの、事前避難を行うためには、災害の発生時期と影響地域を事前に知る必要があり、これを行える自然現象といえば、現在のところは台風や大雪などの気象現象に限られます。地震は場所も時期も特定できず、噴火は場所の特定ができるものの時期はわかりません。

台風や大雪はある程度の事前予測ができます。また、どちらも停電をもたらしやすい現象であるため、事前避難の効果が高くなります。この時おすすめの方法は「旅行」へ行くことです。台風や大雪による強い影響の想定が出た際に、想定される被災地とは逆方向へ自分や家族を送り出すのです。

ネットの風習で「台風前にコロッケを買う」というものがありますが、災害が生じなくても無駄にならない対策として、「台風前に旅行へ行く」という方法はいかがでしょうか。

停電・断水・流通の停止・医療の崩壊…
インフラ停止時の最適解は
被災地脱出

プラン①

台風・大雪の直前に旅行へ行く

災害が想定される台風が接近してきたら
進路と逆方向へ旅行へ出かけてしまうことで、
インフラ停止に備えられます

**※旅行中に停電の恐れがあるため、
冷蔵庫などは空にしましょう**

プラン②

広域災害の直前に旅行へ行く

スーパー台風などによる広域水害や、
火山灰の広域影響などが想定される場合も、
距離をとることが有効です

**※影響範囲が広い場合は、
できるだけ遠方へ移動を**

**仕事や学校などがある方には難しいですが
自由に身動きできるご家族にはおすすめです**

**被災地から要支援者が１名減れば
その分他の方に支援を回すことができます**

災害直前の旅行は、全ての交通機関が「正常」なタイミングで移動をしなければならない。出発が遅れると身動きがとれなくなるため、すでに遅延や運休が生じ始めている場合は、自宅周辺にとどまるようにする。早目の行動開始が大切だ。

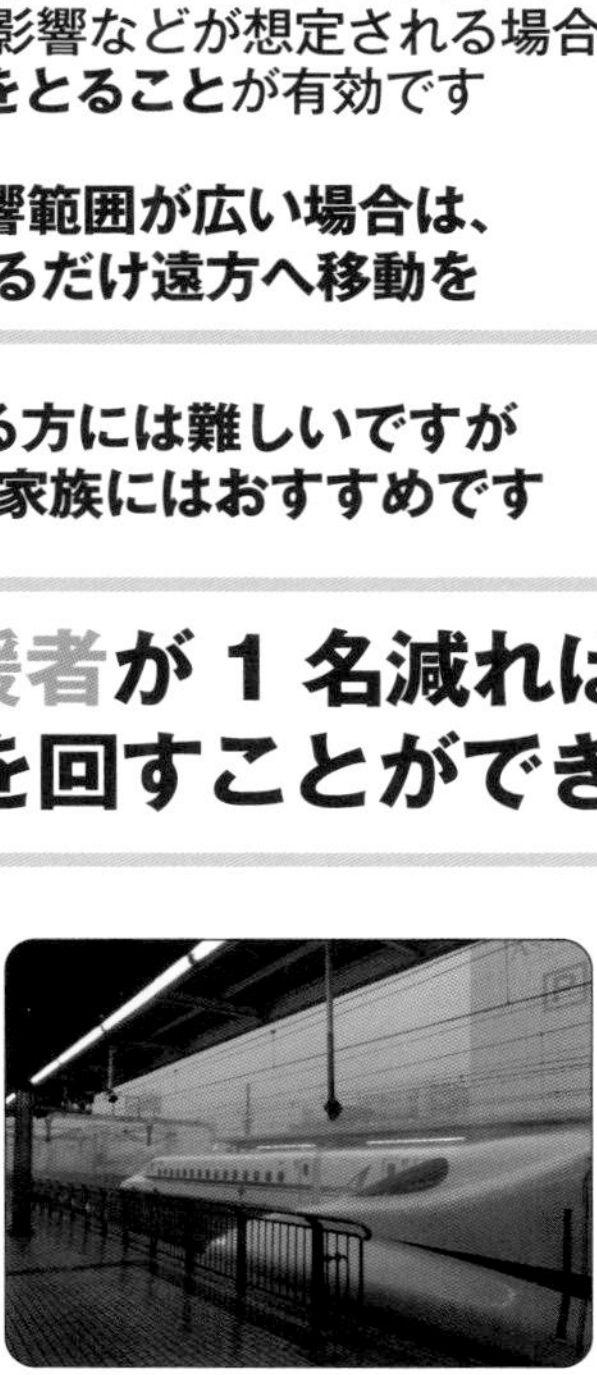

「事後避難」発災後に被災地から避難をする

被災地から避難をするもうひとつのタイミングは事後、災害が起きた後です。実際に災害が発生し、停電や断水を伴うインフラ被害が生じた後に、被害が生じていない被災地の外へ避難します。事後避難の場合は、まず「生き残る」ことが重要ですが、その後に生じるインフラ停止に伴う影響を回避するために有効な方法となります。

特に、医療などの問題で被災生活を行うことが困難な方、あるいは乳幼児や高齢者など、インフラなしでの生活が命にかかわるという家族がいる場合は、被災地を出ることが有効です。ただし、このような避難を行政が手配することは基本的にないため、自分でホテルなどへ宿泊するか、親戚・知人宅を頼るか、といった方法で場所を確保します。

その一方で、災害時に被災地を出るという行為は、「我が家だけ申し訳ない」と思われる方、「あの家族だけ避難をしてズルイ」と感じられる方、両方があろうかと思われます。ここは思考を変えて、「被災者が短期的にでも1名減れば、残った方に支援が回る」とポジティブに考えましょう。

「共助」は重要だが、支援を受ける側であれば積極的に離脱するのも地域のためになる

事後避難は発災後ですので、避難先を選ぶのは簡単です。インフラに被害が出ていない地域を選べばよいことになります。しかし発災後ということは、鉄道や道路を含め被災地内のインフラには大きな被害が生じていますので、「どうやって脱出するか」が問題となります。

被害が停電・断水などライフラインのみで、自家用車があれば車を使って移動することが可能です。車がない場合はタクシーなどを使うか、被災地の外から迎えに来てもらうことになります。一方、大規模な浸水が生じていたり、大地震で道路が物理的に破壊されたりしている場合は、屋外の移動自体が危険を伴うため、落ち着くまで避難を待つべきです。

あらゆる状況に備えるため、ボートやバイクを準備する方法もありますが、防災専用に保有するのは現実的に困難です。自家用車がある場合は、普段から給油をマメに行い、いつでも長距離移動が行えるようにしておくとよいでしょう。「被災した地域でがんばらねば!」という意識を捨て、足があるのなら避難してもよいのだ、と思うことが重要です。

大地震や水害などの発生後の場合も
移動できるならば
広域避難が有効です

我が家だけ申し訳ない

申し訳なくありません!!
一時的にでも外へ避難することは勇気のいること。行き先があるならぜひ広域避難を。

あの家だけズルイ

あの家の人がいなくなれば、その分の支援は残っている方に回りますので、むしろラッキーと思いましょう。

乳幼児、要介護者、在宅医療が必要な方はできるだけ被災地の外へ移動する準備と計画を

自家用車があるなら、ガソリンは常に半分以上をキープ!!

対策② 「避難所」へ行く

命を守る「避難場所」は躊躇《ちゅうちょ》なく移動
生活をする「避難所」への移動は最後の手段

災害発生時、自宅に留まると命に危険が生じる状況においては、迷わず「避難場所（指定緊急避難場所）」へ行くべきです。一方、生活ができなくなった際に身を寄せる「避難所（指定避難所）」への移動は、自宅が無事であれば不要です。避難所生活は「最後の手段」であり、「最初の選択肢」にすべきではありません。

では、避難所は何のためにあるのでしょうか。それは地域内で自宅を失った・自宅で生活ができなくなった方々が、一時的に身を寄せる場所が必要であるためです。災害でインフラが停止した場合、理想としては「被災地を出る」か、自宅で「在宅避難」をすることが望ましいのですが、災害や家族の状況によってはいずれも難しいこともあります。そのため、被災生活における最後の砦《とりで》として避難所が存在します。

避難所は宿泊施設ではない
「衣食住」を持参し「運営」にも参加する

命を守るための「避難場所」は、基本的にその災害が想定される地域全ての住民を収容できるように、屋内外のスペースが用意されています。一方、生活をするための「避難所」の定員は多くなく、例えば東京都が用意している避難所の定員は、人口の2割強程度であり、8割の人は避難所へ行っても入るスペースがありません。これは東京だけの問題ではなく、全国多くの自治体がこの程度の割合となっています。

また、避難所は宿泊施設ではないため「屋根と床」以外は自分で持参する必要がありますし、避難所運営を行うのは行政職員ではなく避難者自身です。災害時の報道では、テントやダンボールベッドなどが整然と並んでいる避難所も見かけますが、これは予算のある一部の自治体や、災害が小規模だった場合、そして災害から時間が経過した後に限られます。

Q　避難所へ行くことは義務でしょうか？

A　自宅が無事ならば行く必要はありません

避難所は自宅での生活が困難に
なった方が一時的に身を寄せる場所

さらに、避難所の定員・物資は限られ
全ての住民を受け入れる準備はありません

※おおむね住民の２割前後が定員、
残りの８割の方は在宅避難が基本です

そして、避難所を運営するのも避難者自身です

自宅で在宅避難可 他に行き場がある	避難所以外に 行き場がない
▼	▼
避難所へ行かずに 生活するのが おすすめ	屋根と床以外の 衣食住は 持参する

▼

もちろん命が危険な場合の避難は最優先!!

生活をするための避難は
最終手段です

日本の「避難所運営ガイドライン」と国際基準「スフィアハンドブック」

災害や紛争など、非常時における人道支援活動には、「スフィア基準」と呼ばれる国際的なガイドラインが存在します。1997年に策定されたスフィア基準は、4度の改訂がなされ、現在は2018版のハンドブックが最新版です。このハンドブックには、給水と衛生、食料と栄養、居住スペース、保健医療などの最低基準が示されており、世界各国で実施される、被災者支援や難民キャンプ運営を行う際の国際指針として使われています。

一方、日本の「避難所」に関する設置・運営の指針は、政府が作成している避難所運営ガイドラインなどを元に、各自治体が計画を立てていますが、実態としてはスフィア基準にも満たない内容のものが多くあります。

例えばスフィア基準では、世帯単位でプライバシーを保てる場所を用意することが生活環境の基準ですが、日本の避難所は「体育館で雑魚寝」が原則です。トイレ・給水・食事などにおいても、日本の避難所運営では厳しい状態となっており、「衣食住」は自分で持ち込むことが求められます。

避難所は「短期滞在」が原則 生活物資は全て持ち込む

日本の避難所運営計画が、国際基準に対して見劣りする理由は、そもそもの目的が異なるためです。スフィアでは「数日から数か月・数年の生活」を想定した基準が示されていますが、日本のガイドラインでは「最大でも1週間、身を寄せるための場所」を想定した基準になっています。

日本の防災は「自助」が原則で、命を守るための対策、被災した後の生活の準備、家を失った際の再建などは、基本的に自己責任となっています。避難所についても「短期滞在」が原則であり、「長期生活」をすることは「想定外」なのです。だからこそ、本書では自助により「死なない環境を作る」ためのノウハウを解説してきました。

問題なのは、短期滞在を想定した避難所に、行き場のない方が数週間から数か月滞在する現実があることなのです。生活を考慮しない場所で生活をすれば、当然無理が生じ、これが災害関連死などを招く原因になっています。大きな問題ですが、今すぐ解決できることではありません。避難所へ行く際には「生活物資を持ち込む」準備が必須です。

避難所・難民キャンプ運営に関する人道支援の国際基準

スフィアハンドブック・2018版

環　境	世帯単位で屋根と壁のあるスペースを確保
広　さ	1名あたり最低3.5㎡
トイレ	20名に最低1基
給　水	1名×1日に最低15ℓ
食　事	1名×1日に2100kcal ※うちタンパク質が10～12%・脂肪が17%

日本の避難所ではここまでの環境を整えられていません…

日本の避難所は目的が短期滞在のため最低限の準備・環境しか整えていない

日本の避難所	スフィア基準（国際）
短期滞在が基本 長くても 1週間を想定	長期の生活が基本 数か月～ 数年もあり得る

構造的に避難所の環境・待遇はよくありません
避難所以外の選択肢があればそちらを推奨

避難所へ行く場合は生活物資全て持参で

避難所へ持参すべき防災用品について

では、被災地の外へ避難ができず、在宅避難も難しいとなった場合、避難所へ行くとしたらどのような準備が必要でしょうか。避難所では、避難者が少なければ、1食分程度の非常食と水、毛布などを受け取れる可能性がありますが、避難者が多い場合はこうした物資も不足しがちです。

前述の通り、避難所では「屋根と床」は存在するが、それ以外に必要な「衣食住」の要素は、全て持参する必要があると考えてください。143～145ページで示した「非常持ち出しセット」のリストを参考に、必要な生活用品・食料品を用意し、命に危険が生じない範囲で避難所へ持ち込みます。

発災後の避難は徒歩が原則となりますが、台風や大雨時の事前避難の場合は、自動車で避難所へ行くこともできます。この場合は必要な荷物を全て車に積んで持って行けばよいですし、あるいは自動車による車中泊を行ってもよいでしょう。なお、災害関連死対策として、車中泊・避難所内での生活共に、「十分な水分補給」と「適度なストレッチ」を心がけ、いわゆるエコノミークラス症候群対策をしてください。

寝る環境を避難所へ持参する

避難所で受け取れる可能性がある「寝具」は、よくても「毛布1枚」か「アルミシート」で、眠る環境は自分で作る必要がある。布団代わりの寝袋の他、床が硬いためエアマットを持参することで、まともに眠れるようになる。

写真は著者がメーカーと企画開発をした寝袋。普段は「クッション」として好きなカバーを掛けて室内に転がしておき、非常時には寝袋として使うことができる。これに別売りのエアマットなどを組み合わせると、寝る場所が得られる。

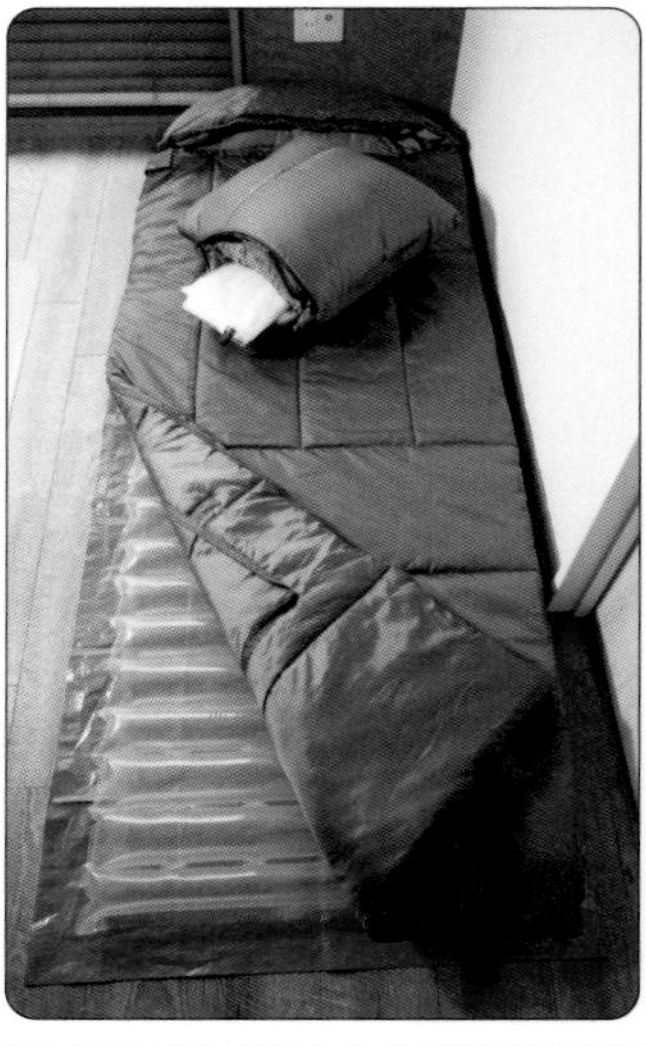

SONAENO「クッション型多機能寝袋」

歯みがき用品を必ず持参

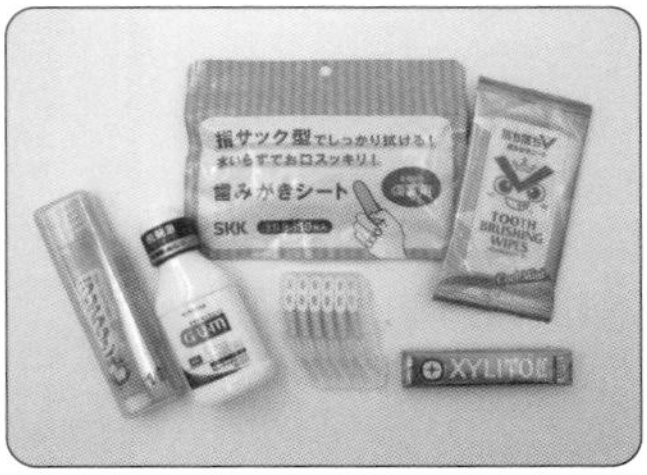

災害関連死の原因のひとつに「誤嚥性肺炎（ごえんせいはいえん)」がある。避難生活で歯みがきが不十分になると、口内で増えた歯周病菌などが食べ物や唾液と一緒に気道へ入り、肺炎を生じさせる。ペーパー歯みがきや歯間ブラシで、オーラルケアを行うことが命を守るために重要。

スマホの充電手段を持参

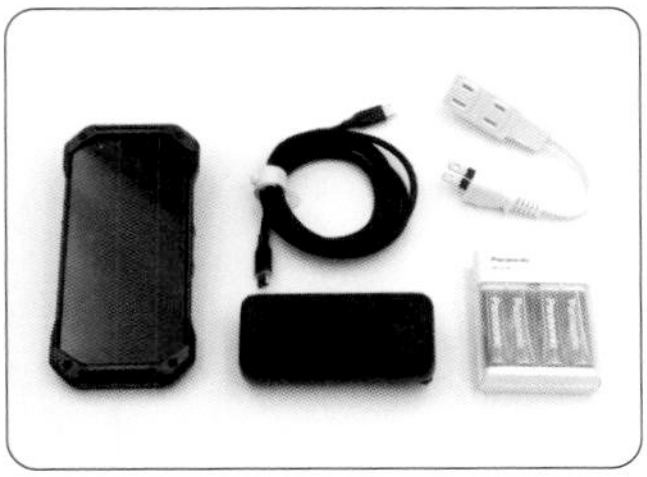

平時に欠かせない「スマートフォン」は、非常時にも重要な防災グッズとなる。避難所に電気がきていれば、あるいは発電器などが動いていれば充電可能だが、充電器は自前で持ち込む。またコンセントにも限りがあるため、延長コードなども持参すると大変役立つ。

プライバシー道具を持参

避難所はよい話だけではなく、盗難・性犯罪・トラブルが生じる。顔や身体を隠せるマスク・帽子・ゆったりとした上着や、貴重品を常に身につけるためのポーチが欲しい。衣類や寝袋の色も地味なものを推奨。なお、右記の寝袋は、貴重品ポケットや顔を隠せるフードが付いている。

火気厳禁・食事は匂いに注意

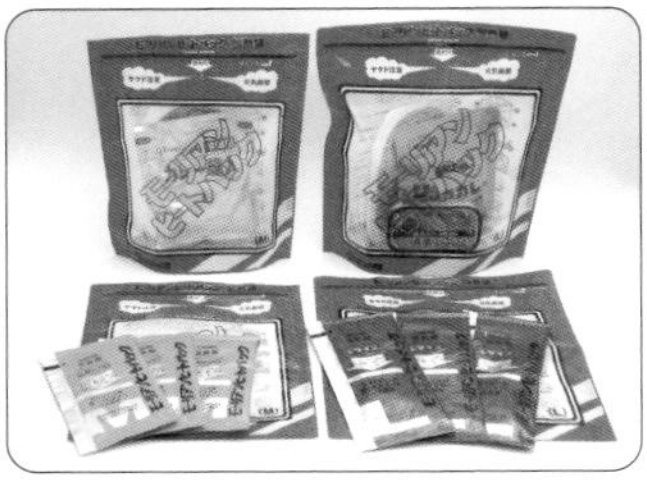

避難所は「火気厳禁」、照明用ロウソク、調理用コンロやバーナーを室内で使うことは避ける。電気や火を使わない食品加熱道具（写真）などもあるが、周囲が「乾パン」の中、我が家だけ「熱々カレー」を食べるのには鋼の精神が必要となる。美味しそうな食事は在宅避難向け。

対策③「在宅避難」をする

被災地内外の「避難」が難しければ自宅でインフラ回復を待つ「在宅避難」をする

災害を「しのぐ」準備、3つめの方法は「在宅避難」です。被災地を離れることは誰にでもできることではなく、一方で避難所生活には課題が多い。ではどうするか、外への避難が難しいのであれば、自宅に留まればよいということになります。これが自宅で被災生活をする「在宅避難」です。

在宅避難が必要な状況というのは、停電や断水が生じていたり、道路が破壊されて買い物ができなくなっていたりと、インフラに被害が生じている状態となります。ただ家にいればよいのではなく、インフラを代替する準備が必要です。

具体的には、災害から自宅を守るための対策、医療などを補う準備、停電や断水に対する備え、そして飲料水や食料品などの備蓄が必要です。普段の便利な生活を備蓄品で代替するためには、相応の準備が必要なのです。

在宅避難に備えた防災備蓄 最低3日・できれば7日・可能なら14日分を

在宅避難で重要な備蓄品の「量」はどの程度必要でしょうか。目安となる期間は「3日・7日・14日」が基本です。

人的な被害の生じる災害発生時、最初の72時間は人命救助が最優先されます。また破壊された道路などを最低限復旧させるのにも、やはり3日程度の時間を要しますので、発災から最低3日は、自助のみで対応する備えが必要です。

また、災害の規模が大きかったり、大都市が直撃を受けたりした場合は被災者の数が膨大となり、支援が行き届かなくなる恐れがあります。そのため、できれば1週間程度は自助+共助で対応できるだけの備えが求められるのです。

さらに、「ひどい感染症パンデミック」「スーパー台風による広域浸水害」「火山灰による広域影響」なども考慮したい場合は、可能なら2週間分の蓄えが必要となります。

インフラ回復まで自宅で被災生活をする
在宅避難の事前準備

在宅避難①

安全な室内環境の構築

大地震や暴風に対する建物と室内の安全対策を徹底する

在宅避難②

身体の一部と医療・薬の確保

メガネや入れ歯などのスペアを確保し、非常時の医療の確認をする

在宅避難③

ライフラインを代替する準備

停電・断水・ゴミ回収の停止などに備えた備蓄品の確保

在宅避難④

生活物資の備蓄

飲料水・食料品・日用品・我が家の必需品の確保

在宅避難の期間の目安

最低 3日

発災72時間は人命救助が最優先、在宅避難者は自助で対応。

できれば 7日

大規模災害時は支援が行き届かない、初期1週間は自助＋共助で。

可能なら 14日

影響の大きな災害への備えとして、可能なら2週間分を備蓄。

在宅避難①安全な室内環境

在宅避難の前提は自宅に「留まれる」安全な環境作り

在宅避難、ひとつ目の準備は「自宅を安全な環境にする」ことです。水や食料の備蓄があっても、自宅が浸水していたり、地震で室内がメチャクチャな状況になっていたりするのでは、そもそも自宅に留まることができません。第2章の災害を「避ける」準備や、第3章の災害を「耐える」準備で安全な環境を得ることは、在宅避難を行うための前提としても重要なことなのです。

自宅だけが停電・断水する状況であれば、近所のホテルにでも泊まることができます。しかし災害の直撃を受けて、地域全体のインフラが停止している状況においては、例え避難所へ移動してもそこに電気や水道はありません。どうせインフラが止まっている状況であれば、避難所よりも自宅のほうがマシであり、そのためには安全確保が必須なのです。

大地震後の片付けは「余震」が生じることを前提に行う

大地震の後、自宅が無事であれば在宅避難を行うことができます。地震の揺れで室内に被害が出ている場合は「片付け」を行うことになりますが、大地震の後には必ず余震、あるいは「より大きな地震」が発生します。後片付けをしている場所というのは、1回目の揺れで被害の生じた場所ということになりますので、同じような揺れに見舞われると同じような被害が生じる恐れが高いのです。

転倒した家具や落下した家電、ちらばった雑貨やインテリアを、そのまま元に戻すと余震で再び被害を受けます。固定器具などがなければ、横倒しにして床に置いたり、箱に入れてしまっておいたりするなど、1週間程度安全な状態を作ってください。また片付け作業はできるだけ2名以上で行い、余震が生じた際に安全な行動をとれるようにしましょう。

在宅避難における最重要グッズは自宅
建物と室内の安全対策を徹底して行います

備蓄品を準備しても
そもそも自宅にいられないのでは意味がない

災害を避ける
沈んだり、崩れたり、燃えたりする要素を回避する

災害を耐える
大地震や暴風から建物と室内を守るための安全対策

大地震後の在宅避難では余震に警戒する

大地震の揺れでメチャクチャになった家具・家電・生活用品は、片付けて元に戻しても、次の余震で同じような状態となります

1週間程度は横倒しにして床に置いたり、箱に入れてしまっておきましょう

在宅避難②身体の一部と医療の確保

「身体の一部」を補う道具はスペアを「非常持ち出しセット」に入れておく

在宅避難、2つめ目の準備は「身体の一部と医療」を維持することです。電気や水道、飲料水や食料品も重要ですが、まず「これがないと、そもそも生きていけない」物を非常時においても確保するための準備が必須となります。

メガネ・補聴器・入れ歯・杖・サポーターなど、身体の一部を補う道具が欠かせない方は、これらの予備や代替品の確保が必須です。平時であれば、すぐに修理や新品購入などを行うことができますが非常時には困難ですし、周囲が安全・正常でない状況で身体を欠損することは危険です。

メガネや補聴器を新調した際には、「お古」を非常持ち出しセットに入れて予備とし、避難先でも自宅でも使用できるようにすると、お金をかけずに対策が行えます。普段から防災リュックをスペア置き場にするとよいでしょう。

非常時の通院・サポートの確認をしお薬手帳の最新ページをスマホで撮影しておく

持病を持っている方や、在宅医療を受けている家族がいる場合は、在宅避難時における医療環境についても事前の確認や準備が必要です。定期的な通院が欠かせない場合、もし災害の影響で病院へ行けなくなった場合に、どう対応すべきか、どこへ行くべきか、担当医師に聞いておきましょう。

持病で欠かせない薬がある場合は、最低3日分、できれば1週間分程度の予備を用意してください。さらに、お薬手帳を常に持ち出せるようにするか、最新ページをスマホなどで撮影しておくと、処方の支援を受けやすくなります。

在宅用の医療器具を使っている場合は、停電が文字通り命にかかわる場合があります。手動での動作方法を事前に確認し、予備電源も確保します。すぐに使える蓄電池やポータブル電源、充電用の発電器などを用意しておきましょう。

在宅避難時に必要な
身体の一部と医療サポートの代替

これがないと
「そもそも生きていけない」
という物を確保するための準備をする

身体の一部を補う道具はスペアを持つ

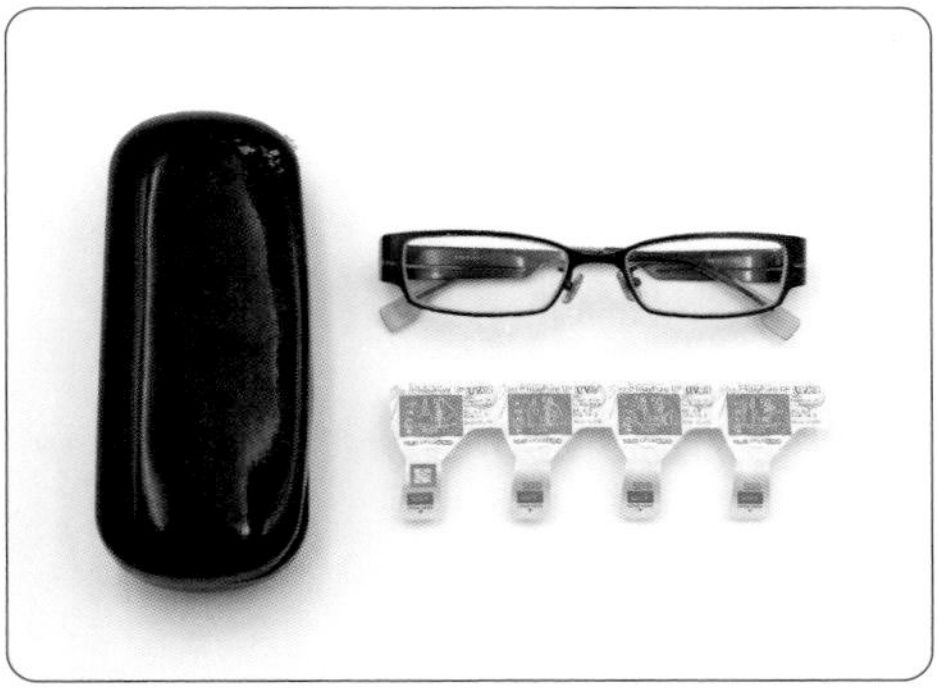

メガネ・補聴器・入れ歯・杖・サポーターなど身体の一部の予備を、非常持ち出しセットへ普段から入れておく。避難時・自宅どちらでも使える様に準備。

医療・持病の薬を確保

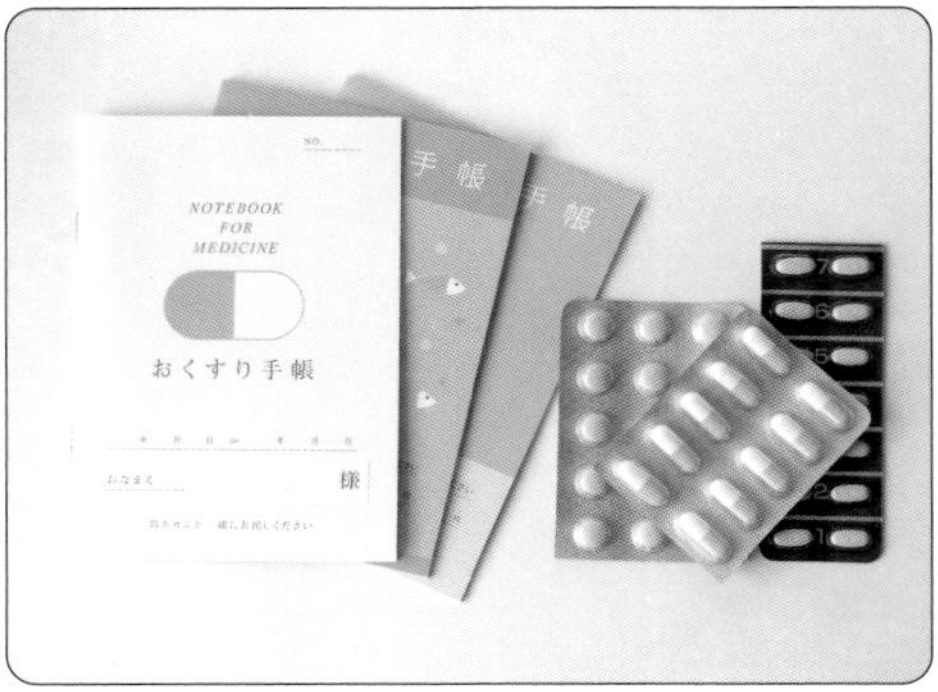

災害時の通院をどうするか相談。できれば7日分の薬の在庫を確保。お薬手帳の最新ページをスマホで撮影。在宅医療器具用の電源を準備。

在宅避難③ライフラインの代替

便利な生活に欠かせない 電気・ガス・水道がなくなったら

在宅避難、3つめ目の準備は「ライフライン」を代替する道具を用意することです。この場合のライフラインとは、電気・ガス・水道・ゴミ回収などを意味します。

現代の便利な生活はライフラインによって支えられています。井戸まで水を汲《く》みに行かなくても、ご飯を炊くためにカマドへ薪をくべなくても、蛇口をひねるだけで、ボタンを押すだけで生活が成り立つのは、全ての家庭に電気や水道が引かれ、便利な生活家電が揃っているからです。

しかし、災害およびその他の影響で、停電や断水が発生すると、この便利な生活は一瞬で崩壊します。飲料水はペットボトルで備蓄するとして、トイレ・洗濯・お風呂に使う数百リットルの水をどうするか。部屋の照明すらつかない状態で、どう生活をするか、事前の準備が必要なのです。

ライフラインの回復まで 自宅で生活を継続する準備

江戸時代には電気も水道もなかったが、別に人が死んでいたわけではない、停電や断水が生じても生活をすることはできるはずだ、と思われる方がいるかもしれません。しかし、江戸時代にもライフラインや生活道具はありました。

各家庭に水道の蛇口は引かれていませんでしたが、共同で使用する井戸まで水は引かれていました。電気炊飯器はありませんでしたがカマドはあり、燃料は炭売りから買うことができました。そしてもちろん災害が起これば、こうした人力のライフラインに影響が出たことも、現代と変わりありません。

電気を使わずに家事全般をこなそうとしたら、電気を使わずに家事全般をこなすための、道具なり準備が必要となります。これがインフラ停止時における、ライフラインを代替する準備なのです。具体的に紹介します。

ゴミ回収の停止に対しては「ゴミ袋」を普段から買い置きして対応

ライフラインを代替する準備として、忘れがちですが重要なものが「ゴミ回収の停止」に対する備えです。大地震や水害による物理的影響、あるいは大雪や火山灰の降灰による影響、またパンデミックなどでゴミ回収に従事されている方が働けなくなる状況などが生じると、ゴミ回収が止まります。

ゴミ回収が止まる状況においては、備蓄食を食べたり、あるいは非常用トイレを使用したりと、普段よりもゴミの量が増えます。そのため、ゴミ回収が再開するまで、自宅で廃棄物を保管するための準備が必要です。具体的には、大量のゴミ袋を普段から確保するようにしてください。

ゴミ袋は腐りませんので、「どうせそのうち使う袋」を先に購入して、「平時にも・非常時にも」使用できるようにすると、楽に備蓄できます。向こう半年分程度のゴミ袋を常に確保し、さらに匂いを閉じ込める「防臭袋」なども準備すると大変役立ちます。またゴミ袋は、ダンボールやリュックサックに被せて水タンクにしたり、水道管を凍結から守る際にまいて使ったり、火山灰から屋外機器を守るためにも使えます。

平時に使う半年分のゴミ袋を常に確保

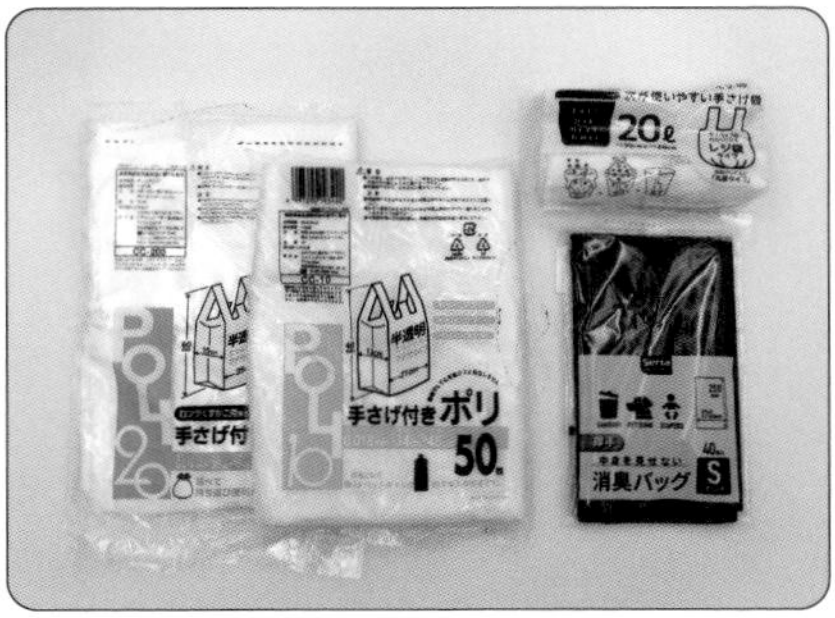

廃棄物処理だけでなく、多目的に使える便利アイテム。普段使う袋を常に多めに確保する「日常備蓄」で準備。「薄く・無菌の・防水素材」は自然界にないため備蓄が必須。

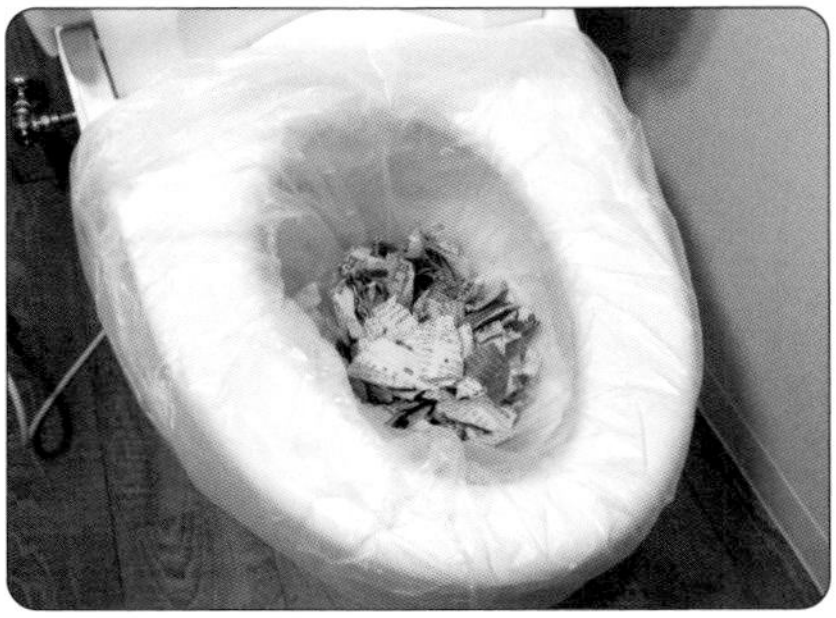

非常用トイレも重要。庭に穴を掘るから不要、新聞紙をちぎって代替するからいらない。どちらも机上の空論で実際には役立ちません。事前対策では「裏技」ではなく「備蓄」を。

断水対策は「飲料水」と「水道の機能代替」で準備

断水対策の方法はふたつ、ひとつは「水」そのものを準備することと、もうひとつは「水道の機能」を代替する準備です。

飲料水や調理に使うための水は「水そのもの」でなければなりませんので、ペットボトル水の備蓄や、給水を受けるための容器などを準備する必要があります。ところが、トイレ・洗濯・お風呂などの水回りには、毎日数百リットルの水が必要で、これを備蓄することは現実的ではありません。

そのため、「1日×1名×3ℓ」を目安にした「水そのもの」の準備と、「水道の機能」を代替するための道具の準備の両方が必要です。非常用トイレ・ウェットティッシュ・ドライシャンプー・ペーパー歯みがきなどを備蓄品として準備してください。洗濯はあきらめて「着替え」で対応します。

飲料水以外で特に重要なものは「非常用トイレ」です。飲料水や食料を1週間分準備するならトイレも1週間分、2週間分用意するならトイレも2週間分、入り口と出口の量は同じでなければなりません。自宅の「便器」に被せるタイプの非常用トイレを、最優先で準備してください。

ペットボトル水の消費期限と非常用浄水器

ペットボトル水は未開封であれば「腐る」ことはないため、飲むことができる。実は少しずつ蒸発して中身が減っており、規定の「内容量」を下回る時期が「消費期限」になっている。

非常用浄水器は「対応する水」がフィルターの能力により異なるため、事前に確認が必要。どんな水でも飲めるようにするにはRO膜(逆浸透膜)を採用した浄水器が必要(写真)。

最重要備蓄の非常用トイレ

在宅避難における最重要アイテムのひとつ、トイレが使える期間がそのまま自宅に留まれる期間となる。車中泊などでも使うなら「便器」の備蓄も必要だが、自宅用なら「袋と凝固剤」がセットになっているものを買う。50～100個入りの「箱」を、家族１人に１つずつ準備する。

事前対策なら浴槽を活用

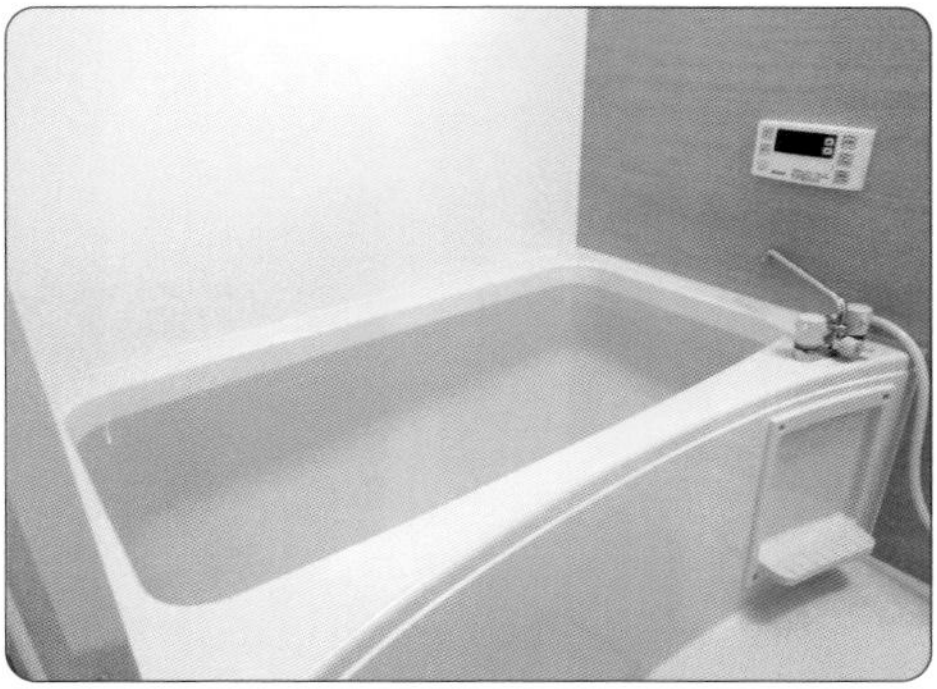

台風による停電への備えや、大地震後にまだ水が出る状況であれば、浴槽に水をためておくことは有効。ただし、マンションなどの場合、大地震後は「排水管」の確認が終わるまで水を流せなくなる場合もあるため、使えるかは状況による。また、子どもがいる場合は落水に注意。

住宅設備での対策も可能

給湯器具である「エコキュート」があれば貯湯タンクにある数百リットルの水を使うことができる。非常用浄水器はお湯に弱いため、使う場合は冷ましてから使うこと。また水道直結で常時中身が入れ替わる水タンクなどもある（写真）大量の水をためておく場合は住宅設備が必要。

停電対策は「電気」と「家電の機能代替」で準備

停電対策の方向性も断水対策と同じく、「電気」そのものを準備する方法と、「家電の機能」を代替する方法があります。

電気そのものを準備するのは、あなたが電気怪獣ネロンガでない限り、電気を食べる必要はありませんので、「電気以外で代替できないもの・電気のほうが効率がよいもの」を動かすための準備を意味します。乾電池機器を用意したり、蓄電池・発電器を準備したりして対応します。

一方、家電の機能を代替する方法としては、調理家電の代わりにカセットガスコンロを、ファンヒーターの代わりに電気を使わない石油ストーブを、クーラーの代わりにうちわや冷涼タオルを準備するといった、物による代替を行います。もちろんキャンプ用品などを持っていれば、大変役立ちます。

また、停電対策でもうひとつ重要なことが「断水対策」です。言い間違いではありません、マンションなどの場合は建物が停電するとポンプが停止するため水も止まりますし、戸建ての場合も停電が長期化すれば浄水場が停止するため断水につながります。停電と断水はセットで考えてください。

停電対策に必須のカセットガス器具

非常用トイレとあわせて最重要なグッズが「カセットガスコンロ」。燃料は7年・本体は10年が交換の目安となるため、入れ替えながら準備する。

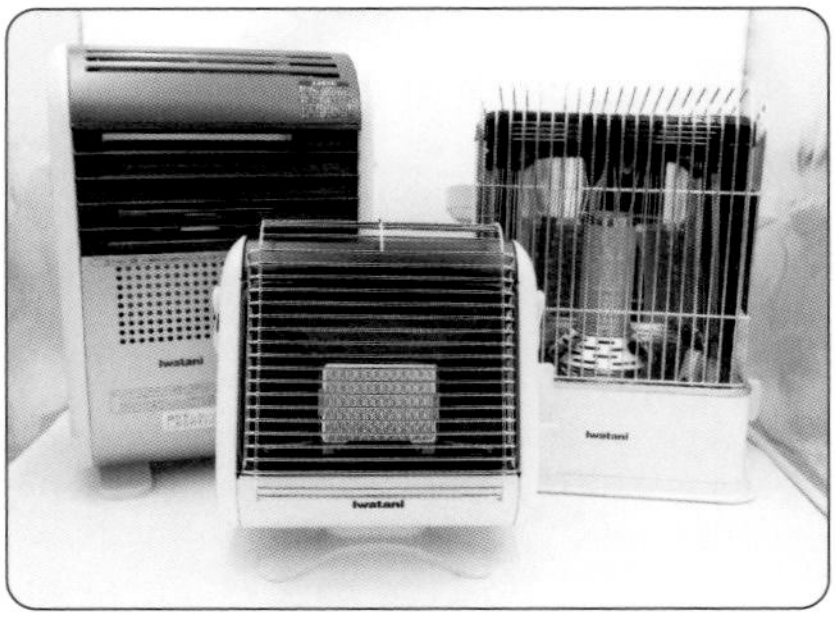

北国の場合、冬用の暖房器具が必須。普段から灯油を使っていれば電気不要の石油ストーブが、なければカセットガスストーブ（写真）が便利。

乾電池器具・三種の神器

「乾電池」は停電対策の重要なアイテム。「LED ライト」「ラジオ」「乾電池モバイルバッテリー」は必須。全ての機器の使用電池を「単3」などに統一すると使い回しができて簡単に。パナソニックの EVOLTA シリーズなど、10 年保存できる高性能な乾電池が備蓄に向いている。

蓄電池ならポータブル電源

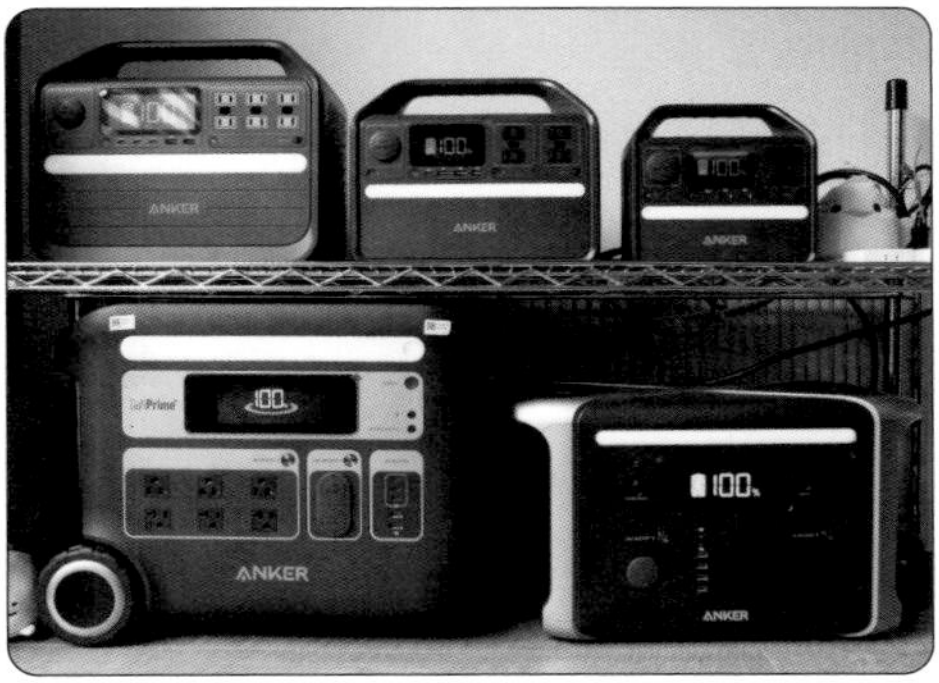

乾電池以外で電気を「貯める」のであれば、モバイルバッテリーやポータブル電源が便利。ポータブル電源は、壁のコンセントと同じ「定格出力1500W」以上のものを選べば、全ての家電を動かすことができるようになる。あとは予算内で一番「定格容量」が大きな物を選ぶ。

発電器ならソーラーパネル

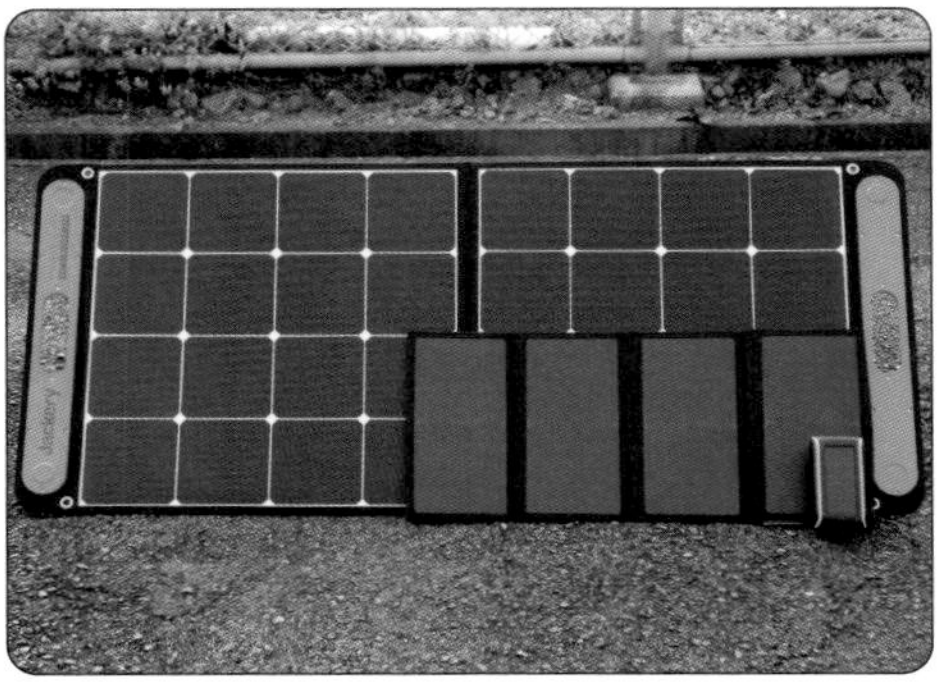

ガソリンタイプの発電器は燃料備蓄が難しく、家庭での準備は難しい。コンセントがついている「自動車」を活用したり、小型のソーラーパネルが便利。「両腕」を広げたサイズでポータブル電源の充電が、「両手」を広げたサイズでスマホやモバイルバッテリーの充電ができる。

在宅避難④生活物資の備蓄

即死しない準備ができたら ようやく「飲料水・食料品・日用品」の準備

在宅避難、4つの目の準備は「飲料水・食料品・日用品」の備蓄です。「防災」といえば水や食料の備蓄、というイメージもありますが、「死なない防災」においては、災害で即死をしない環境を整えた後にようやく行う準備となります。

備蓄食は進化しており、停電や断水が生じている状況で役に立つ「THE・非常食」には様々な選択肢があります。昨今においては、美味しいのは当たり前、その上で食べやすく、栄養価も豊富で、しかも賞味期限の長いものが多いのです。

発災から3日間程度、二次災害や停電・断水が続いている状況においては、これら高品質な備蓄品が役立ちます。しかしそれ以降の在宅避難においては、非常時専用の備蓄品だけでなく、「普段も使える・非常時にも使える」ものを準備することで、お金や手間を軽減させるのがおすすめです。

日常備蓄で 防災を「ライフスタイル」にする

普段から飲んだり食べたり使ったりしているものを、少し多めに買っておき、非常時にもそのまま使用するのが「日常備蓄」の考え方です。具体的な手法としては、少品目・大量消費するものの備蓄に向いている「ローリングストック」や、多品目・少量消費するものの備蓄に向いている「コンテナストック」などの方法が。また日常備蓄と同じ概念を表す「フェーズフリー」という言葉もあります。

日常備蓄を行うことで、「普段食べたり使ったりしているもの」を、そのまま災害時にも用いることができるようになります。また「どうせ使うもの」を先に買っておくだけですのでお財布にも優しく、さらに「使いながら補充」するため期限管理も楽になるなど、ライフスタイルとして取り組めるのが、日常備蓄のメリットなのです。

飲料水・食料品・日用品の備蓄は どうせ使うものを少し多めに確保する 日常備蓄で

食料品の場合は…
①
「いつも」食べている食品の買い置きを多めにする
②
賞味期限の近いものから順番に食べる
③
全て食べきる前に買ってきて補充する
日常備蓄の
(ローリングストック)
考え方

主食類など「少品目・大量消費」な食品	おかず類など「多品目・少量消費」な食品
ローリングストックがおすすめ	**コンテナストックがおすすめ**

日常備蓄のメリット

備蓄品に慣れる
平時と同じものを非常時にも食べたり使ったりすることができる。

余計な出費不要
毎日使うものを非常時「にも」使うだけなので、お財布にも優しい。

期限管理が楽ちん
期限の近いものから順次使って入れ替えるだけなので、管理が楽ちん。

飲料水の備蓄は「水」＋「水以外」で準備

水の備蓄は、1名につき1日あたり「3ℓ」が目安となります。飲むための量だけでなく、調理や衛生管理に使う分を含みますので、もちろん多いほど役立ちます。「ペットボトル水」を利用するのが基本ですが、ウォーターサーバーなどを使っている場合は、そのボトルも備蓄になります。

浄水器を使っていたり、ボトル水を購入する習慣がなかったりする場合は、「水以外」を併用しても構いません。炭酸水やお茶など、普段から飲んでいるものがあれば、それを箱で買い、なくなる前に補充することで日常備蓄となります。どうせ飲むものを先に買うだけですので、無駄になりません。

断水が長期化する場合は、給水車などによる支援が行われることがあります。飲料水を入れられる給水タンク・給水バッグと、運搬用の台車やカートを準備しておくと役立ちます。リュックサックなどに大きなゴミ袋を数枚重ねて入れることでも、背負える水タンクになり便利です。

空のペットボトルに水道水を詰めて、入れ替える方法もありますが面倒です。安価なボトル水を買って放置しましょう。

飲料水の備蓄は水＋水以外の飲物で

飲料用＋雑用水で 1人×1日あたり 3ℓ が目安

基本は水

ペットボトル水を「箱」で買って補充しながら飲む。ウォーターサーバーのボトルで代用してもOK。

水以外の飲物

炭酸水、お茶、ジュースなど「水は買わないけれど、他は買う」家庭は水以外の飲物を箱買いしてもOK。

水の入れ物

給水支援用に、ポリタンクや給水袋も用意。リュックにゴミ袋を入れて、背負える水タンクにしてもよい。

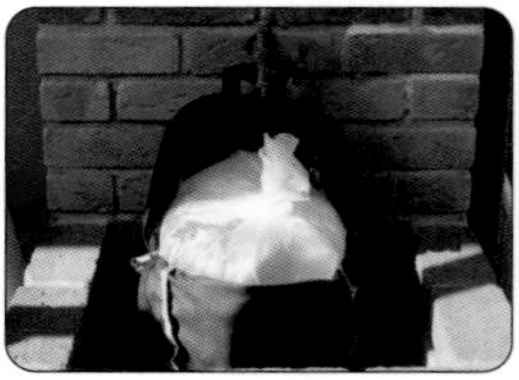

食料品の備蓄は「非常持ち出しセット」＋「日常備蓄」で準備

食料品の備蓄は、その食べ物を「いつ食べるのか」により使い分けると便利です。常温でそのまま食べられる非常食は避難用に便利ですが、自宅で食べる際にはやや高価でオーバースペックです。逆にカップラーメンの日常備蓄は安価でよいのですが、避難所で食べるのには向きません。避難所生活用には便利な非常食、在宅避難用には安価な日常備蓄品と、使い分けるのがおすすめです。

食品を日常備蓄する際には、まず毎日食べる消費量の多い食材の在庫を、少し増やす方法が簡単です。お米・乾麺・シリアルなどの在庫をひとつ余分に持つ、買い置きをもうひとつ増やす、といった方法ですぐに始められます。またレトルト・インスタント・フリーズドライ・缶詰など賞味期限の長い食べ物についても、たまに買う物があれば在庫を少し増やすだけで、日常備蓄となります。まずは手軽に始めましょう。

また、日常備蓄する食品の多くは調理が必要です。ペットボトル水を少し多めに確保したり、カセットコンロやポータブル電源を準備したりすることで、環境を整えてください。

食料品の備蓄は食べる場所に合わせて準備

非常持ち出しセットに入れる食料か、在宅避難で使う自宅用か

避難所へ持ち込むものは常温・食器不要で食べられるもの

「どこでもホカホカご飯」が食べられる非常食などもあるが、避難所では「いい匂いがする」ものはNG、食べるシーンも考えてセレクトする。

在宅避難用の日常備蓄は毎日食べている物を少し多めに備蓄

日常備蓄品は「お湯」や「調理」が必要なものもあるため、カセットガスコンロや家電用のポータブル電源などをセットで準備する。

生活用品の備蓄は「常に○個の在庫」で準備

飲料水・食料品以外に必要となる生活用品の確保も、避難所などへ持って行くものと、在宅避難時に自宅で使用するものに分けて準備を行うとわかりやすくなります。例えばトイレットペーパーやウェットティッシュなどは、避難先・自宅の両方で必要ですが、非常持ち出しセットには「長期保存ウェットティッシュ」などを入れ、在宅避難用には日常備蓄で普段使っているものを少し多めに確保するとよいでしょう。

生活用品の日常備蓄は、「ある日突然物が買えなくなる」という災害への備えにおいても重要です。昔から日本では、「有事の際に、なぜかトイレットペーパーの買い占めが生じる」という伝統文化があります。デマと不安感による騒動ですが、昨今はインターネットを用いた「転売」という状況も加わり、より大きな課題となっています。

生活用品の日常備蓄は、例えばティッシュや歯磨き粉について、「常に在庫を○個持つ」と決めると管理が楽になります。特売時に補充すれば、常に安価な日用品を使えることになりますので、平時においても有効な方法です。

我が家には必須だが避難所ではもらえない物資は「2週間分」を確保

大規模な災害で物流が途絶える状況になると、地域の避難所などを拠点として物資の配給支援などが行われます。しかし、この時配布される物資は全ての方に共通して必要な必需品、飲料水・食料品・最低限の日用品が中心となります。赤ちゃん用品、介護用品、ペット用品、アレルギーに対応した食料品などは、重要な支援物資といわれてはいるものの、基本的には自力で調達をしなければなりません。

例えば、乳幼児がいる家庭において最重要な「オムツ」は、なくなってから買いに行くのではなく、最低でも2週間分の必要量は常に確保するなどの考え方が重要です。ただし、多く買いすぎると成長してサイズが合わなくなりますので、ワンサイズ上の物を混ぜるなどの工夫は必要です。

また、備蓄については色々な「裏技」や「代替品」を活用するテクニックなども紹介されていますが、裏技はあくまでも裏技です。日頃から日常備蓄で「本物」を持っていれば、代用品に頼る必要はありません。どうせ使うものを少し多めに確保する、日常備蓄をライフスタイルにしてください。

一瞬で売り切れます

「スーパー台風」の接近、「富士山大規模噴火」の兆候、「南海トラフ地震臨時情報」などの報道が出ると、必要な物品は瞬く間に品切れとなります。日頃からの日常備蓄が重要です。

我が家の必需品を確保

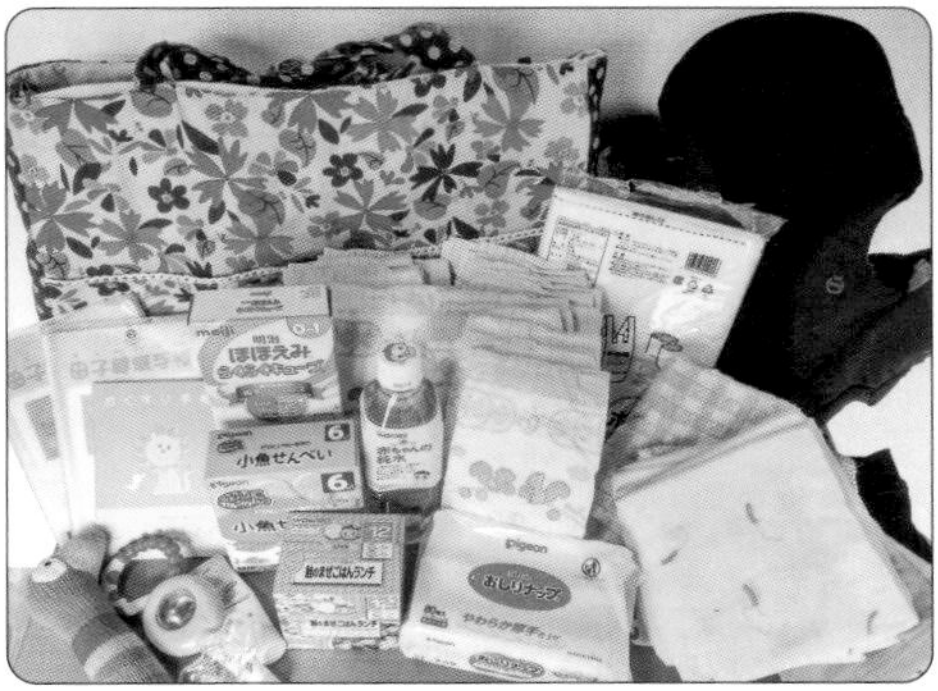

例えば赤ちゃん用品などは、災害時専用のバッグを作るのではなく、毎日持ち歩くお出かけセットは常にフル装備、買い置きのオムツやミルクは多めに、など平時の延長で対応をすると長続きします。

災害別の物品も確保

感染症パンデミックに対する、マスクや消毒グッズなどの備蓄。火山灰対策に必要な「自動車カバー･大型の袋･通風口フィルター」なども、有事の際には入手できなくなるため、事前に確保を。

おわりに

テレビやラジオなど、メディアで防災の話をする際には、内容について暗黙のルールがあります。それは、「全ての方が手軽に実践できる方法」でなければならないということです。「進化した激ウマ非常食!」とか「100円ショップで作るお手軽防災リュック!」といったテーマが多いのは、とりあえず買ってくれば誰にでも行えるからです。役立つ情報です、しかし真に有益といえるでしょうか。

また、被災生活をサバイバルにしない準備が「防災」なのですが、どうも世の中的には「死なないための防災」よりも「災害を生き延びるサバイバル術」のほうが人の目を引くようです。サバイバル術は、「災害で即死しなかった」後に求められるスキルであり、大地震で家が潰れてしまえば、イイ感じのナイフを握りしめて死ぬことになる……にも関わらずです。

最後にネガティブなことを書きましたが、このような状況を何とかしたいなと考え、本書を執筆しました。実践できる人や機会は限られるものの、本当に重要な「事前の防災」を知っていただきたいという思いからです。本書で紹介した4

つの対策「避ける・耐える・逃げる・しのぐ」をひとつでも実践し、災害で死なずにすむことを願ってやみません。

最後に、前作『今日から始める本気の食料備蓄』とあわせて、今回のような「メディア映えしない」出版企画を熱く推してくださり、そして厳しいスケジュールの中、読みやすく高品質な誌面にまとめてくださいました、徳間書店の浅川亨様には、改めて御礼を申し上げたく思います。素晴らしい機会と出版物をくださり、ありがとうございました!

そして毎度にわたり、大きな防災の仕事が入ると家族サービスを捨てる私を、それでも見捨てずに応援してくれた妻と、3人の息子たちにも感謝を。でもそろそろ限界だと思いますので、防災だけでなく家庭もちゃんとします、本当ですよ……。

2023年9月1日 関東大震災から100年目というニュースを見ながら

高荷智也

死なない防災！そなえる TV

https://youtube.com/@sonaerutv

死なないための防災知識を !!

日本最大級の「防災専門」YouTube チャンネル

前作『今日から始める本気の食料備蓄』の
動画シリーズも多数公開中

さらに、本書の内容をより深く理解するために !!

YouTube そなえる TV で本書の内容を補足する
解説動画を公開中です。ぜひご覧ください！

- ●本書に登場した各種アイテムの詳細
- ●映像で見た方がわかりやすい作業手順
- ●資料やアプリに関する最新情報

本書をテキスト代わりに、あわせて見ていただくことで、より理解が深まる情報が盛りだくさん。以下の URL または右横の QR コードよりご覧ください。

https://sonaeru.jp/sp/bosai-keikaku/

書籍関連動画は 2024 年 1 月以降、予告なく終了する場合がございます。

髙荷智也（たかに ともや）

合同会社ソナエルワークス代表、備え・防災アドバイザー

1982年、静岡県生まれ。「自分と家族が死なないための防災対策」と「企業の実践的BCP策定」のプロフェッショナル。備え・防災・BCP策定に関する、講演・コンサルティングで日本全国を飛び回る。大地震や感染症パンデミックなどの防災から、銃火器を使わないゾンビ対策まで、堅い防災をわかりやすく伝えるアドバイスに定評があり、メディア出演も多い。著書に『中小企業のためのBCP策定パーフェクトガイド』(Nanaブックス)、『今日から始める本気の食料備蓄』（徳間書店）などがある。

YouTube「死なない防災！そなえるTV」
https://youtube.com/@sonaerutv
日本最大級の「防災専門」YouTubeチャンネル

Voicy「死なない防災！そなえるらじお」
https://voicy.jp/channel/1387
防災ノウハウ・災害トレンドを毎朝10分でインプット

WEBメディア「備える.jp」
https://sonaeru.jp
備え・防災に関する総合防災情報WEBサイト

今日から始める家庭の防災計画
災害で死なない環境を作るための事前対策メソッド

第1刷　2023年9月30日
第3刷　2024年9月 5 日

著　者／髙荷智也

発行者／小宮英行
発行所／株式会社徳間書店
〒141-8202　東京都品川区上大崎3-1-1 目黒セントラルスクエア
電話　編集 03-5403-4344／販売 049-293-5521
振替　00140-0-44392

印刷・製本／大日本印刷株式会社

ISBN978-4-19-865670-6